밧고(一 7b)、 ᄌᆞᆺ고(一 10b)、 묻거놀(二 63b)、 듯고(一 30b)、 밋ᄂᆞ다(一 30b)

(3) 語中의 有氣音 表記는 다음과 같이 나타난다.

굽피고(一 23b)、 ᄀᆞᆲ피오(一 8a)、 직희미(二 20a)、 딕희므로부터(二 18b)、 디킈니(一 80a)

(4) 語中의 ㄹ-ㄹ 表記는 ㄹㄴ과 ㄹㄹ 표기가 같이 나타난다.

못홀러니(一 9a)、 열다ᄉᆞᆺ달로(一 11a)、 놀래 블러(一 12b)、 소릐 딜러(二 30a)、 믈너가기롤(一 5a)、 ᄇᆞ랄너라(一 27b)、 블너(一 29a)、 일노부터(一 56b)

(5) 表音的인 表記로서 同一子音의 二重表記가 두드러진다.

남모ᄃᆞ으로(一 3b)、 믈롯(一 28a)、 ᄭᅮᆷ미더라(一 36b)、 죽기고져(一 61b)、 옮마(一 62a)、 안니ᄒᆞ더라(二 74a)

먹거써놀(二 100b)

(6) ㄷ系의 ㅁ蓋音化現象은 매우 一般的이다.

형졔(一 1b)、 샹고치(一 2b)、 ᄆᆞ라치고(一 5a)、 ᄒᆡᄆᆞ치(一 10b)、 엇지(一 14a)、 직희미(二 20a)

(7) 非圓唇母音化現象이 보인다.

먼져ᄂᆞᆫ(先、一 28b)~cf、 몬져(一 56a)、 몸져(二 53a)

(8) 「·」는 第1音節에서는 保守的으로 많이 지켜지지만、 2音節下에서는 混亂되어 表記되고 있다.

그르리로ᄃᆞ(一 102b)、 ᄋᆞ롬(一 60a)、 ᄒᆞᄃᆞ가(一 90a)、 ᄉᆞ롬(一 91a)

(9) ㅎ終聲體言은 다음과 같은 語彙에 보인다.

고올히(一 1b)、 들희(一 6a)、 나라히(一 8a)、 열네히러라(一 8a)、 하놀홀(一 9a)、 ᄯᅡ홀(一 9b)、 ᄯᅳᆯ희(一 11a)、 ᄆᆞ올히(一 16a)、 안히(一 18a)、 뫼홀(一 20a)、 노히오(一 21a)、 터홀(一 41b)、 셰혜(一 47a)、 둘홀(一 47a)、 길히(一 52b)、 바다희(一 54a)、 ᄯᅳᆯ히니라(一 80a)、 뒤희(二 30a)

(10) 表記의 混亂을 보이면 다음과 같다.

나무(一 1a)~나모(一 2a)~남모(一 3b)、 여ᄃᆞᆲ 괘롤(一 3a)~여ᄃᆞᆲ、 히에(一 20a)、 되여(一 4a)~ 되야(一 5a)、 주그시거놀(一 4a)~죽거시놀(一 17a)、 놀래(一 17b)~노래(一 18a)、 먼져ᄂᆞᆫ(一 28b)~몬져(一 56b)~몸져(二 53a)、 터락(一 82a)~터럭(二 49b)、 ᄉᆞ람(二 73a)~ᄉᆞ롬(一 91a)

(11) 格語尾는 다음과 같은 특징을 보여 준다。

① 主格의 「ㅣ가」는 보이지 않는다。

② 屬格語尾는 「의」로 統一되어 있다。

③ 處格語尾는 「의、이、예、에」가 다 나타나나 「이、의」가 우세하다。「이」母音이 아닌 곳에서도 「예」가 쓰인 것이 보인다。

쓰 졔(一 72 a)

④ 造格語尾는 「으로、로」가 쓰이었다。

⑤ 對格語尾는 「을、를」이 쓰이었다。

⑥ 共同格語尾는 「와、과」이지만、母音下에서도 「과」가 쓰이고 있다。

히과 더수과 나라과(一 2 b)、방패과(一 6 a)、구후과(一 40 a)、양호과(一 94 a)

⑦ 語頭의 ㄴ이 「이」母音下에서 탈락하고 있다。

이르러(一 2 a)、이으미(一 4 a)、이어셔(一 5 a)、이르거놀(一 8 b)、임금(一 17 b)~cf、님금(一 3 a)、이르러(一 26 a)~cf、니라러(一 35 a)

(12) 圓唇母音化現象이 보인다。

불덕으로뻐(一 1 b)、불녀여(一 2 a)、풀과(一 5 a)、풀을(一 5 a)~cf、플이(一 11 a)、물너가기를(一 5 a)、더부러(一 6 a)、슬푸다(一 30 b)、문허디다(一 34 b)、븟들고(一 45 a)

이 十九史略諺解는 地方에서 刊行되었기 때문에 表記가 매우 混亂되어 있다。그러나 이것이 오히려 18세기말의 言語現象을 있는 그대로 보여 준다。특히 嶺南方言을 보여 준다는 점에서 좋은 자료라고 생각된다。

다음에 1772年版과 英祖때에 刊行된 것으로 보이는 版本과의 表記上의 差異를 卷1에서 몇개 보이면 다음과 같다。

가람文庫(가람古-952・-Sa77-V・1・2)	가람古-952・01- Sill
불덕으로뻐(1 b)	불덕으로써(1 b)
형졔(1 b)	형뎨(1 b)
고을히(1 b)	고을히(1 b)

國語國文學叢書 109

十九史略諺解

학자원

국어국문학총서 109

十九史略諺解

2019년 5월 10일 초판 1쇄 발행

저　자 : 미상
펴낸이 : 김병환
펴낸곳 : 학자원
주　소 : 134-814 서울시 강동구 천호대로 1121
전　화 : 02) 6403-1000
팩　스 : 02) 6338-1001
E-mail : hakjaone@daum.net
등　록 : 2011년 3월 24일 제324-2011-14호

HAKJAONE Publishing Co.
1121 Cheonho-Daero Kangdong-Gu Seoul

ISBN : 979-11-6247-117-3　93810

값 50,000원

十九史略諺解 解題

洪 允 杓

十九史略諺解는、曾先之의 十八史略에 余進이 元史를 보태고 通考하여 만든 十九史略通考의 初卷(第1卷)을 諺解한 책이다。通稱 史略諺解라고도 한다。卷之一과 卷之二의 2卷으로 되어 있으나 版本에 따라 1冊~3冊으로 分卷 또는 合卷되어 있다。

十九史略諺解는 異本이 여럿 있다。

(1)「歲在壬辰嶺營新刊」의 刊記가 붙은、1772年(英祖 48年)에 나온 本版本으로 서울大 가람文庫(도서번호、가람古-952-Sa77-V.1-2)、國立中央圖書館、延世大圖書館、嶺南大圖書館 등에 소장되어 있다。

(2) 刊年을 알 수 없는、1772年版을 다시 낸 重刊本으로 서울大 奎章閣(도서번호 1600) 등에 소장되어 있다。

(3) 嘉慶甲子(1804年、純祖 4年) 改版이 一石 李熙昇 先生의 所藏으로 알려져 있다。

(4) 英祖時에 刊行된 것으로 보이는 木版本이 서울大 가람文庫(도서번호、가람古-952·01-Si11)에 소장되어 있다。

(5) 英祖時 刊行本의 重刊本으로 보이는、「歲在屠維大荒落暮春花谷新刊」의 刊記가 있는、己巳年版(1869年(?)版)이 서울大 일사文庫(도서번호、일사古-952·01-Si11) 등에 소장되어 있다。

결국 初刊은 1772年에 大邱監營에서 나온 것으로 보인다。여기에 影印·紹介되는 十九史略諺解는 바로 이 刊本으로 國立中央圖書館本을 底本으로 한 것이다。서울大 가람文庫本(가람古-952-Sa77-V.1-2)은 後刷本이다。이 책은 크기가 세로 34.3㎝ 가로 22.3㎝다。四周單邊에 半郭은 세로 21.4㎝ 가로 15.6㎝이고、有界 10行 18字이다。版心은 上二葉花紋魚尾이며 版心題는 史略諺解다。卷頭書名이 十九史略諺解인데 表紙書名은 版心題와 같이 史略諺解다。上·下 2卷 2冊의 木版本으로 卷尾에「歲在壬辰嶺營新刊」이란 刊記가 陰刻되어 있다。

곳곳에 陰刻이 보이는데 帝王名이거나 國名에 限한다。

巻之一의 内容은 太古篇으로 天皇·地皇·人皇에서 시작하여 堯·舜·禹·湯을 거쳐 春秋戰國時代까지의 간략한 歷史를 담고 있다。巻之二는 晋·陳·齊에서 시작하여 楚·燕·秦까지의 歷史를 담고 있다。체재를 보면, 앞의 原文에 懸吐한 文章이 나오고, 그 뒤에 諺解한 문장이 나온다。原文의 각 漢字 밑에는 한글로 音을 달아 놓았다。巻之一이 104張인데 巻之一末에는 十九史略諺解 第一之一로 되어 있다。巻之二는 十九史略諺解 第一之二로 되어 117張이다。序와 跋은 없다。

英祖 때에 刊行된 것으로 보이는 十九史略諺解(가람古-952·01-Sill)와 이의 重刊本으로 보이는 花谷新刊의 版本(일사古-952·01-Sill)은 그 表記法이나 體裁등이 同一하다。劃의 굵기가 後者가 더 굵고 版匡이 조금 다르고 陰刻이 몇군데에서 陽刻으로 바뀐 것이 다를 뿐이다。이 책은 15行 33字이니, 앞의 大邱監營版과는 다르다。

1772年에 나온 十九史略諺解의 表記法上의 特徵을 들면 다음과 같다。

(1) 語頭子音群의 表記는 ㅅ系列과 ㅂ系列이 同時에 사용되어, ㅺ、ㅼ、ㅽ、ㅾ、ㅲ、ㅄ、ㅶ、ㅷ、ㅳ 등이 보인다。

ㅺ: ᄭᅮᆷ(一 36b)、ᄭᅮ지즈니라(一 99a)

ㅼ: ᄯᅡ부롤(一 5a)、ᄯᅱ롤(一 10b)、ᄯᅢ예(二 72a)~cf、ᄠᅢ예(二 71b)、ᄯᅳᆺ(一 43a)~cf、ᄠᅳᆺᄒᆞ건ᄃᆡ(一 54a)

ㅽ: ᄲᅧᆫ지고(一 55a)、ᄲᅳᆸ니여(二 31a)、ᄲᅡ혀나고(一 41b)、ᄲᅧᆯ오뇨(一 83b)

ㅾ: ᄶᅵ르고(二 78b)

ㅲ: ᄞᅬ여시니(二 96a)

ㅳ: ᄠᅱ집(一 37b)、ᄠᅥ러ᄇᆞ리믈(一 28b)

ㅄ: ᄡᆞᆯ과(二 61b)、ᄡᅡ화(一 6a)、ᄡᅮ어(一 91b)、ᄡᆞᆯ기롤(一 73a)~cf、ᄊᆞᆯ기롤(一 73a)、ᄡᅳ시고(一 97a)~cf
쓸즉ᄒᆞ면 ᄡᅳ시고(一 97a)

ㅶ: ᄧᅡ저(二 97a)、ᄧᅡᆨ(一 3a)、더ᄧᅳᆨ의(二 39a)、뵈ᄧᅡ기롤(二 104b)

ㅷ: ᄩᅳ시고(一 18a)

그러나 ㅅ系列이 우세하고 ㅄ은 ㅆ으로도 表記된다。

(2) 語幹末音의 ㅅ과 ㄷ 등은 ㅅ으로 統一되어 있다。

이르러(2a)
불ᄂᆡ여(2a)
ᄆᆡᆼ그라(3a)
그믈고ᄅᆞᆯ(3a)
남모(3b)
주그시거ᄂᆞᆯ(4a)
서로 이으미(4a)
ᄆᆞ라치고(5a)
날가온대(5a)
서로(6a교)
치거ᄂᆞᆯ(6a)
ᄡᅡ화(6a)
오라캐(8a)
구룸ᄆᆞ치(10b)
아니ᄒᆞ거ᄂᆞᆯ(11a)
좌우ᄃᆞ려 무론대(11b)
고올히(16a)
임금(17b)
ᄣᅢ로(18a)
너기샤(20a)
바야ᄒᆞ로(25b)
길드리기ᄅᆞᆯ(26b)
먼져ᄂᆞᆫ(28b)

니르러(2a)
불내여(2a)
ᄆᆡᆼ그러(3a)
그믈고ᄂᆞᆯ(3a)
나모(3a)
죽거시ᄂᆞᆯ(3b)
서르 니으미(4a)
ᄆᆞᄅᆞ치고(4b)
날짜온대(4b)
서ᄅᆞ(5b)
티거ᄂᆞᆯ(5b)
싸화(5b)
오랑캐(7b)
구롬ᄀᆞᆺ티(9b)
아니커ᄂᆞᆯ(10a)
좌우더러 무론대(10b)
고올이(14b)
님금(16a)
ᄣᅢ로(16b)
녀기샤(18b)
뵈야흐로(23a)
질드리기ᄅᆞᆯ(24a)
몬져ᄂᆞᆫ(25b)

十九史略諺解 一

十십九구史ᄉᆞ略략諺언解ᄒᆡ卷권之지一일

太태古고

天皇氏는以ᄡᅥ이木목德덕으로王왕ᄒᆞ다歲셰起긔攝셥提뎨ᄒᆞ야無무爲위而이化화ᄒᆞ니兄형弟뎨十십二이人인이各각一일萬만八팔千쳔歲셰러라

텬황시는나무덕으로ᄡᅥ님금되다ᄒᆞ니셥뎨예니러나ᄒᆞ옴업시되니형뎨열두사ᄅᆞᆷ이각각일만팔쳔ᄒᆡ러라

地皇氏는以ᄡᅥ이火화德덕으로王왕ᄒᆞ다兄

형弟뎨十십一일人인이 亦역各각一일萬만
八팔千쳔歲셰러라
디황시ᄂᆞᆫ불덕으로버님금되다형뎨열ᄒᆞᆫ
사ᄅᆞᆷ이任호각각일만팔쳔ᄒᆡ러라
人皇氏 ᄂᆞᆫ兄형弟뎨九구人인이分분
長댱九구州쥬ᄒᆞ니凡범一일百ᄇᆡᆨ五오十십世
셰오合합四ᄉᆞ萬만五오千쳔六뉵百ᄇᆡᆨ年년
이러라
인황시ᄂᆞᆫ형뎨아홉사ᄅᆞᆷ이ᄂᆞᆫ화야홉고을
희옷드미되니므롯일ᄇᆡᆨ쉰ᄃᆡ오합ᄒᆞ야ᄉᆞ

만오쳔뉵ᄇᆡᆨ히ᄒᆞ러라

人인皇황氏시以이後후에 有유曰왈有유巢소氏시ᄒᆞ니 搆구木목爲위巢소ᄒᆞ고 食식木목實실ᄒᆞ더니 至지燧슈人인氏시ᄒᆞ야 始시鑽찬燧슈ᄒᆞ야 敎교人인火화食식라ᄒᆞ니 在ᄌᆡ書셔契계以이前젼ᄒᆞ니 年년代ᄃᆡ國국都도을 不불可가考고로다

인황시로ᄇᆡ후에ᄀᆞ온유소시이시니남글얽미야집을ᄒᆞ고나모여ᄅᆞᆷ을먹더니슈인시에이르러비로소비비여블니여사ᄅᆞᆷ을

불로밥지어먹그믈ᄀᆞᄅᆞ치니라글로ᄡᅥ젼
의이시니ᄒᆞ과되수과나라과도읍을가히
샹고치못ᄒᆞ리로다

太昊伏羲氏

ᄂᆞᆫ風풍姓셩이오蛇샤
身신人인首슈ㅣ라 러代ᄃᆡ燧슈人인氏시两이
王왕ᄒᆞ야始시畫획八팔卦괘ᄒᆞ고造조書셔契계
ᄒᆞ야以이代ᄃᆡ結결繩승之지政졍ᄒᆞ고制졔嫁가
娶취ᄒᆞ야以이儷녀皮피로爲위禮례ᄒᆞ고結결網
망罟고ᄒᆞ야敎교佃뎐漁어ᄒᆞ다養양犧희牲싱ᄒᆞ야
以이充츙庖포廚듀ᄒᆞ니故고로曰왈庖포犧희

츅과뎨빅과뎨뤼과뎨양과뎨유의젼ᄒᆞ니
강셩이므릇여ᄃᆞᆲᄃᆡ니오ᄇᆡᆨ스므ᄒᆡ러라

黃帝軒轅氏ᄂᆞᆫ公공孫손姓셩이오
又우曰왈姬희姓셩이오名명은軒헌轅원이니有
유熊웅國국君군少쇼典뎐의子ᄌᆞ也야ㅣ라母
모ㅣ見견大대電뎐이繞요北북斗두樞츄星
셩ᄒᆞ고感감而이生ᄉᆡᆼ帝뎨ᄒᆞ다
황뎨헌원시ᄂᆞᆫ공손셩이오ᄯᅩ갈온희셩이
오일홈은헌원이니유웅나라님금쇼뎐의
아ᄃᆞᆯ이라어미큰번개북두웃듬별을둘러

ᄒᆞ미ᄒᆞ니룡의샹셔잇거ᄂᆞᆯ룡으로ᄡᅥ벼ᄉᆞ
을긔록ᄒᆞ니일홈을룡시라ᄒᆞ다남모덕으
로님금되고딘의도읍ᄒᆞ다
庖포犧희崩붕ᄒᆞ거시ᄂᆞᆯ 女녀媧와氏시 立닙ᄒᆞ니亦
역風풍姓셩이라木목德덕으로王왕ᄒᆞ야始시作작
笙싱簧황ᄒᆞ다女녀媧와氏시沒몰ᄒᆞ거시ᄂᆞᆯ有유

共공工공氏시 太태庭뎡氏시 栢ᄇᆡᆨ皇황氏시
中듕央앙氏시 歷력陸륙氏시 驪려連련氏시
赫혁胥셔氏시 尊존盧로氏시 渾혼沌돈氏시
昊호英영氏시 朱쥬襄양氏시 葛갈天텬氏시

陰康氏無懷氏나ᄒᆞ風풍姓셩相
샹承승이十십五오世셰라더
포희주그시거늘녀와시셔니또ᄒᆞᆫ풍셩이
라나무덕으로님금되여비로소싱과황을
지으시다녀와시주그시거늘공공시과태
뎡시과뵉황시과듕앙시과력뉵시과녀뎐
시과혁셔시과존려시과혼돈시과호영시
과쥬양시과갈텬시과음강시과무회시이
시니풍셩서로이으미열다ᄉᆞᆺ뉘러라
炎帝神農氏는姜강姓셩이오人인

身신牛우首슈라 繼계風풍姓셩而이立닙
ᄒᆞ니火화德덕으로王왕ᄒᆞ야斲톡木목爲위耜ᄉᆞᄒᆞ고
揉유木목爲위耒뢰ᄒᆞ야始시敎교耕경ᄒᆞ고作작
蜡사祭졔ᄒᆞ야以이赭자鞭편으로鞭편草초木목
ᄒᆞ고嘗상百ᄇᆡᆨ草초ᄒᆞ야始시有유醫의藥약ᄒᆞ고敎
교人인日일中듕爲위市시ᄒᆞ야交교易역而이
退퇴케ᄒᆞ니라都도於어陳딘이러니徙ᄉᆞ曲곡阜부
ᄒᆞ다傳뎐帝뎨承승帝뎨臨림帝뎨則측帝뎨直
직帝뎨來릭帝뎨襄양帝뎨楡유罔ᄒᆞ니姜강姓셩
이凡범八팔世셰니五오百ᄇᆡᆨ二이十십年년

이러
라

염뎨신농시ᄂᆞᆫ강셩이오사ᄅᆞᆷ의모미오쇠
머리러라풍셩을이녀블덕으로임금되
야남글갓가ᄯᅡ부ᄅᆞᆯ밍글고남글휘워ᄯᅡ부
졉놉밍그라비로소밧갈기ᄅᆞᆯᄆᆞ라치고납
평에제ᄒᆞ기ᄅᆞᆯ밍그라블근ᄌᆡ로ᄲᅢ플과남
글티고온갓플을맛보와비로소병고티ᄂᆞᆫ
약을두고사ᄅᆞᆷ이날가온대져재ᄅᆞᆯᄒᆞ야녀
로밧고와믈너가기ᄅᆞᆯᄆᆞᄅᆞ치니라딘의도
읍ᄒᆞ엿더니곡부의옴다뎨승과뎨림과뎨

시믈보고늣겨뎨롤낫타

炎염帝뎨ㅣ世셰衰쇠ᄒᆞ야諸졔侯후ㅣ相샹侵침伐벌호이어軒헌轅원이乃내習습用용干간戈과ᄒᆞ야以이征졍不블享향ᄒᆞ니諸졔侯후ㅣ咸함歸귀之지라ᄒᆞ더與여炎염帝뎨로戰젼于우阪판泉쳔之지野야ᄒᆞ야克극之지ᄒᆞ다

염뎨되쇠ᄒᆞ야졔후ㅣ서로침노ᄒᆞ야치거ᄂᆞᆯ헌원이이에방패과창쓰기롤니겨뻐와위왓디아니ᄒᆞᄂᆞ니롤치니졔후ㅣ다도라오더라염뎨로더부러판쳔들희가ᄡᆞ화이긔다

라ᄒᆞ다 有유龍룡瑞슈ㅣᄒᆞᆫ이以이龍룡으로紀긔官
관ᄒᆞ니號호을龍룡師ᄉᆞㅣ라ᄒᆞ다木목德덕으로王왕
ᄒᆞ고都도於어陳딘ᄒᆞ다
태호복희시ᄂᆞᆫ풍셩이오비얌의몸이오사
ᄅᆞᆷ의머리러라슈인시ᄅᆞᆯᄃᆡᄒᆞ야님금되여
비로소여ᄃᆞᆲ괘ᄅᆞᆯ그으고글을모ᄃᆞ라ᄇᆡ노
ᄆᆡᆺ던경ᄉᆞᄅᆞᆯᄃᆡᄒᆞ고혼인ᄒᆞ기ᄅᆞᆯᄆᆡᆼ그라ᄇᆡᆨ
가족으로ᄇᆡ례ᄅᆞᆯ삼고그믈고ᄅᆞᆯ미자ᄆᆡᆺ즘
승과믈고기잡기ᄅᆞᆯᄀᆞᄅᆞ치다순식양과ᄃᆞᆺ
ᄅᆞᆯ쳐ᄇᆡ포쥬ᄅᆞᆯ치ᄋᆞ니그런고로글오ᄃᆡ포

蚩치尤우ㅣ 作작亂난ᄒᆞ니 其기人인이 銅동鐵
텰額익이 能능作작大대霧무ᄒᆡ어 軒헌轅원
이 作작指지南남車거ᄒᆞ야 與여蚩치尤우로 戰
젼於어涿탁鹿녹之디野야ᄒᆞ야 禽금之지ᄒᆞ고 遂
슈代ᄃᆡ炎염帝뎨ᄒᆞ야 爲위天텬子ᄌᆞᄒᆞ다

치위 난을 지으니 그 사ᄅᆞᆷ이 구리 쇠 니마히
오 능히 큰 안개를 짓거놀 헌원이 남을 가ᄅᆞ
치ᄂᆞᆫ 수뤼를 ᄆᆡᆼ그라 치우로 더브러 탁녹 들
희 가 싸화 사ᄅᆞᆷ잡고 드듸여 염뎨를 ᄃᆡᄒᆞ야
텬ᄌᆞ 되다

土토德덕으로王왕ᄒᆞ야以이雲운紀긔官관ᄒᆞ야爲
위雲운師ᄉᆞᄒᆞ고以이風풍后후로爲위相샹ᄒᆞ고
力녁牧목으로爲위將쟝ᄒᆞ고受슈河하圖도ᄒᆞ고見
견日일月월星셩辰신之지象샹ᄒᆞ야始시有유
星셩官관之지書셔ᄒᆞ고命명大대撓요ᄒᆞ야占졈
斗두建건ᄒᆞ야作작甲갑子ᄌᆞᄒᆞ고容용成셩으로造
조曆력ᄒᆞ고隷예首슈로作작算산數수ᄒᆞ고伶령
倫륜으로造조律뉼呂려ᄒᆞ다

흙덕으로님금되야구름으로ᄡᅥ벼ᄉᆞᆯ을긔
록ᄒᆞ야운ᄉᆞ를ᄒᆞ고풍후로ᄡᅥ정승을삼고

낙무ᄋᆞ로장슈삼고하도를밧고ᄒᆡ과달과
별의얼골을보와비로소별관원의글을두
고대요ᄅᆞᆯ시겨북두별셔ᄂᆞᆫ되ᄅᆞᆯ아라갑ᄌᆞ
ᄅᆞᆯ밍글고용셩으로칙녁을밍글고예슈로
산두어혜기ᄅᆞᆯ밍글고녕눈으로풍뉴곡됴
ᄅᆞᆯ밍그다
爲위文문章장ᄒᆞ야以이表표貴귀賤쳔ᄒᆞ고作작
舟슈車거ᄒᆞ야以이濟졔不블通통ᄒᆞ고畫획壄야
分분州쥬ᄒᆞ니得득百ᄇᆡᆨ里리之지國국이萬만
區구외遠원夷이之지國국이莫막不블入입

貢공ᄒᆞ더라 帝뎨崩붕ᄒᆞ시다 有유子ᄌᆞ二이十십
五오人인이러니 其기得득姓셩者쟈ㅣ十십四
ᄉᆞㅣ러라
빗난오ᄉᆞᆯ밍그라뻬귀ᄒᆞ여쳔ᄒᆞ니ᄅᆞᆯ쬬ᄒᆞ
그비과수릐ᄅᆞᆯ밍그라뻬통치못ᄒᆞ던되ᄅᆞᆯ
건너게ᄒᆞ고들을그어고을흘노ᄒᆞ니빅ᄂᆡ
식어든나라히일만ᄌᆞᆲ피오면오라캐나라
히드러와공아니리업더라뎨주그시다아
돌스믈다ᄉᆞᆺ사ᄅᆞᆷ이잇더니그셩어더벼ᄉᆞᆯ
ᄒᆞᆫ이열네히러라

8a

少쇼昊호金금天텬氏시는 名명은 玄현囂효니 黃황帝뎨의 子ᄌᆞ也야ㅣ라 亦역曰왈 青쳥陽양이라 其기立닙也야애 鳳봉鳥됴ㅣ 適뎍至지어ᄂᆞᆯ 以니 鳥됴로 紀긔官관ᄒᆞ다

쇼호금텬시ᄂᆞᆫ 일홈은 현효니 황뎨의 아ᄃᆞᆯ이라 또 ᄀᆞᄅᆞᆫ 쳥양이라 그 셔매 봉새 맛초와 이르거ᄂᆞᆯ 새로 벼ᄉᆞᆯ을 긔록ᄒᆞ다

顓젼頊욱高고陽양氏시ᄂᆞᆫ 昌챵意의之지子ᄌᆞ외 黃황帝뎨의 孫손也야ㅣ라 少쇼昊호之지衰쇠애 九구黎려ㅣ 亂난德덕ᄒᆞ니 民민神신雜

잡糅유ᄒᆞ야 不불可가方방物물이러니 顓젼頊욱
이 受슈之지ᄒᆞ야 乃내命명南남正졍重듕ᄒᆞ야 司
ᄉᆞ天텬以이屬쇽神신ᄒᆞ고 火화正졍黎려로 司
ᄉᆞ地디以이屬쇽民민ᄒᆞ야 使ᄉᆞ無무相샹侵침
瀆독ᄒᆞ니다
젼욱고양시ᄂᆞᆫ창의의아ᄃᆞᆯ이오황뎨의손
ᄌᆞ라쇼회쇠잔ᄒᆞ매아홉녜덕을어즐어이
니ᄇᆡᆨ셩과귀신이섯거가히온갓거ᄉᆞᆯ분변
티못ᄒᆞᆯ러니젼욱이바다이에남졍호듕을
시겨하ᄂᆞᆯ흘ᄆᆞ옴아라벼귀신을부리고화

9a

경ᄒᆞᆫ녀로ᄯᅡ홀ᄆᆞ옴아라ᄡᅥ빅셩을부텨ᄒᆞ
여곰서로침노ᄒᆞ야더러임을업게ᄒᆞ니라
始시作작曆력ᄒᆞ야以이孟ᄆᆡᆼ春츈으로爲위元원
ᄒᆞ다
비로소ᄎᆡᆨ력을ᄆᆡᆼ그라ᄆᆞᆺ봄으로ᄡᅥ읏듬을
삼다

帝뎨嚳곡高고辛신氏시

ᄂᆞᆫ玄현囂효之지孫
손이오黃황帝뎨之지曾증孫손也야ㅣ라生ᄉᆡᆼ而
이神신靈령ᄒᆞ야自ᄌᆞ言언其기名명ᄒᆞ더라代ᄃᆡ
顓젼頊욱而이立닙ᄒᆞ야居거於어亳박ᄒᆞ다

뎨곡고신시ᄂᆞᆫ현효의손지오황뎨의증손이라나며신긔롭고령ᄒᆞ야스스로그일홈을니ᄅᆞ더라젼욱을뒤ᄒᆞ야셔셔박의잇다

帝嚳高辛氏

ᄂᆞᆫ伊이祈긔姓셩이오或혹曰왈名명은放방勛훈이니帝뎨嚳곡의子ᄌᆞ也야라其기仁인이如여天텬ᄒᆞ고其기智디如여神신ᄒᆞ니就취之지如여日일이오望망之지如여雲운이러라以이火화德덕으로王왕ᄒᆞ고都도平평陽양ᄒᆞ야茅모茨ᄌᆞ不불翦젼ᄒᆞ고土토階계三삼等등이러라

뎨요도당시ᄂᆞᆫ이고셩이오혹ᄆᆞ론일홈은
방훈이니뎨곡의아ᄃᆞᆯ이라그어질기하ᄂᆞᆯ
ᄀᆞᆺ고그슬겁기귀신ᄀᆞᄐᆞ니나아가기ᄅᆞᆯ히
ᄆᆞ치ᄒᆞ고ᄇᆞ라기ᄅᆞᆯ구름ᄀᆞ치ᄒᆞ더라불덕
으로뻐님금되고평양의도읍ᄒᆞ야ᄯᅴᄅᆞᆯ버
히지아니ᄒᆞ고ᄒᆞᆰ셤이세층이러라
有유草초ㅣ生싱庭뎡ᄒᆞ야十십五오日일以이
前젼애日일生싱一일葉엽ᄒᆞ고以이後후애日
일落락一일葉엽ᄒᆞ며月월이小쇼盡진則즉一
일葉엽이厭염而이不불落락ᄂᆞᆯ이어名명日왈

蓂명莢겹이라ᄒᆞ고 觀관之지ᄒᆞ야 以이 知디旬슌朔
삭ᄒᆞ더라
플이 이ᄯᅳᆯ희나 열다ᄉᆞᆺ랄로 베뎐에 날마
다ᄒᆞᆫ닙식나고 베후에 날마다ᄒᆞᆫ닙식디되
돌이져거업스면ᄒᆞᆫ닙히누르러ᄠᅥ러디디
아니ᄒᆞ거놀일홈을골오ᄃᆡ명겹이라ᄒᆞ고
보아배열흘과초흘롤아더라
治티天텬下하五오十십年년의不블知디天
텬下하ㅣ治티歟여아不블治티歟여아億억
兆됴ㅣ願원戴ᄃᆡ己긔歟여아不블願원戴ᄃᆡ

己긔歟여아 問문左좌右우不블知디ᄒᆞ고 問문
外외朝됴不블知디ᄒᆞ고 問문在ᄌᆡ野야不블知
디로라ᄒᆞ더니

텬하다ᄉᆞ련디쉰힌만의아디못게라텬해
다ᄉᆞ랏ᄂᆞ냐다ᄉᆞ디못ᄒᆞ엿ᄂᆞ냐ᄇᆡᆨ셩이내
몸엿기롤원ᄒᆞᄂᆞ냐내몸엿기롤원티아니
ᄒᆞᄂᆞ냐좌우ᄃᆞ려무론대아디못ᄒᆞ고밧됴
뎡ᄃᆞ려무론대아디못ᄒᆞ고들희잇ᄂᆞ니ᄃᆞ
려무론대아디못ᄒᆞ노라ᄒᆞ더라

乃내微미服복으로 游유於어康강衢구시러니 聞

문童동謠요ᄒᆞ니 시 曰왈立닙我아烝증民민이
莫막匪비爾이極극이니不블識식不블知디어니
와順슌帝뎨之지則측이라ᄒᆞ더라
이예샹오ᄉᆞ로큰구에놀ᄋᆞ시더니아ᄒᆡ놀
리ᄅᆞᆯ드ᄅᆞ시니골오ᄃᆡ우리뭇ᄇᆡᆨ셩을셔게
호미님금의공이아니니업ᄉᆞ니아지못ᄒᆞ
고아지못ᄒᆞ거니와임금의법을슌히ᄒᆞᆯ거
시라ᄒᆞ더라
有유老노人인이含함哺포鼓고腹복고ᄒᆞ擊격
壤양而이歌가曰왈日일出츌而이作작고ᄒᆞ日

일入입而이息식ᄒᆞ고鑿착井졍而이飮음ᄒᆞ고耕경田뎐而이食식ᄒᆞ니帝뎨力력이何하有유於어我아哉ᄌᆡ리오ᄒᆞ더라

늘근사ᄅᆞᆷ이이녀밥을머금고ᄇᆡᄅᆞᆯ두다리고ᄒᆞᆰ덩이을치고놀래블러ᄌᆞᆯ오ᄃᆡᄒᆞ니나거든니러나고ᄒᆡ들거든쉬고우물파마시고밧가라먹으니님금의힘이엇디내게이시리오ᄒᆞ더라

觀관于우華화ᄒᆞ시니 華화封봉人인이日왈噫희라請쳥祝츅聖셩人인ᄒᆞ야使ᄉᆞ聖셩人인으로

壽슈富부多다男남子ᄌᆞᄒᆞ노이다 堯요ㅣ曰왈辭
ᄉᆞᄒᆞ노라 多다男남子ᄌᆞ則즉多다懼구ᄒᆞ고富부
則즉多다事ᄉᆞᄒᆞ고壽슈則즉多다辱욕이니라 封
봉人인니 曰왈天텬生ᄉᆡᆼ萬만民민에 必필授슈
之지職직이니多다男남子ᄌᆞ而이授슈之지職
직이면何하懼구之지有유ㅣ며富부而이使ᄉᆞ人
인分분之지ㅣ면 何하事ᄉᆞ之지有유ㅣ며天텬下
하ㅣ有유道도ㅣ어든 與여物물皆ᄀᆡ昌챵ᄒᆞ고天
편下하ㅣ無무道도ㅣ어든 修슈德덕就취間한
가이라 千쳔歲셰厭염世셰ᄒᆞ야 去거而이上샹僊

션ᄒᆞ야乘승彼피白ᄇᆡᆨ雲운ᄒᆞ야至지于우帝뎨鄉

향이면何하辱욕之지有유ㅣ리잇고

화산의보시니화봉인이ᄀᆞᆯ오ᄃᆡ슬프다쳥

컨대셩인을비러셩인으로ᄒᆡ여곰댱슈ᄒᆞ

고가음열고아ᄃᆞᆯ만케ᄒᆞ노이다요ㅣᄀᆞᆯ오

ᄉᆞ되ᄉᆞᄒᆞ노라아ᄃᆞᆯ이만ᄒᆞ면두리옴이만

코가음열면일이만코댱슈ᄒᆞ면욕이만ᄒᆞ

니라봉인이가로ᄃᆡ하ᄂᆞᆯ히만민을내시매

반ᄃᆞ시소임을주시니아ᄃᆞᆯ이만커든소임

을주면엇지두리오미이시며가음열거든

사ᄅᆞᆷ으로ᄒᆞ여곰논호면엇지일이이시며
텬ᄒᆞ되잇거든만물로더브러다창셩ᄒᆞ고
텬ᄒᆡ되업거든어진덕을닷가한가ᄒᆞ되나
아갓다가일쳔ᄒᆡ만의셰샹을ᄇᆞ려가신션
의올라뎌흰구롬을타하ᄂᆞᆯ의니르면엇지
욕이이시리잇고
堯요ㅣ立닙七칠十십二이年년에有유九구
年년之지水슈ㅣ어ᄂᆞᆯ使ᄉᆞ鯀곤治치之지ᄒᆞ신ᄃᆡ
九구載ᄌᆡ不불績젹ᄒᆞ다
회ᄒᆞ신닐흔두ᄒᆡᆺ만의아ᄒᆞᆸ히믈리잇거ᄂᆞᆯ

곤을 시겨 다ᄉᆞ리신디 아홉ᄒᆡ예 공ᄒᆞ디 몯ᄒᆞ다

堯요ㅣ老노ᄒᆞ야倦권于우勤근이어시늘四ᄉᆞ嶽악이擧거舜순ᄒᆞ야攝셥行ᄒᆡᆼ天텬子ᄌᆞ事ᄉᆞᄒᆞ다

외ᄂᆞᆯ그샤 ᄇᆞ즈런ᄒᆞ실디 게으ᄅᆞ시거ᄂᆞᆯ ᄉᆞ악이 순을 거쳔ᄒᆞ야 텬ᄌᆞ의 일을 잡아 ᄒᆡᆼᄒᆞ다

堯요의子ᄌᆞ丹단朱쥬ㅣ不블肖쵸ᄒᆞ니어乃내薦쳔舜순於어天텬이러시니堯요ㅣ崩붕커시ᄂᆞᆯ舜순이即즉位위ᄒᆞ시다

요의아ᄃᆞᆯ단쥬ㅣ ᄀᆞᆺ디몯ᄒᆞ거ᄂᆞᆯ이에슌을
하ᄂᆞᆯ시쳔거ᄒᆞ엿더시니외주그시거ᄂᆞᆯ슌
이텬ᄌᆞ위예나아가시다

帝舜有虞氏 ᄂᆞᆫ 姚요姓셩이오 或혹
曰왈名명은重듕華화ㅣ니瞽고瞍수之지子ᄌᆞ
ㅣ오顓젼頊욱의六뉵世셰孫손也야ㅣ라
뎨슌유우시ᄂᆞᆫ요셩이오혹ᄀᆞᆯ온일홈은즁
화ㅣ니고수의아ᄃᆞᆯ이오젼욱의여ᄉᆞᆺ뒤손ᄌᆞ
ㅣ라

父부ㅣ 惑혹ᄒᆞ야於어後후妻쳐ᄒᆞ고愛ᄋᆡ少쇼子ᄌᆞ

15a

象샹ᄒᆞ야 常샹欲욕殺살舜슌이어늘 舜슌이 盡진孝효悌뎨之지道도ᄒᆞ샤 烝증烝증乂예ᄒᆞ샤 不불格격姦간케ᄒᆞ시다

아비후쳐의게혹ᄒᆞ고쟈근아ᄃᆞᆯ샹을ᄉᆞ랑ᄒᆞ야샹해슌을주기고쟈ᄒᆞ거ᄂᆞᆯ슌이효도ᄅᆞᆯ공경ᄒᆞᆫ도ᄅᆞᆯ극진히ᄒᆞ샤나음나음히다ᄉᆞ리샤간악ᄒᆞᆫᄃᆡ니ᄅᆞ지아니케ᄒᆞ시다

耕경歷력山산ᄒᆞ실ᄉᆡ 民민皆ᄀᆡ讓양畔반ᄒᆞ고 漁어雷뢰澤택ᄒᆞ실ᄉᆡ 人인皆ᄀᆡ讓양居거ᄒᆞ고 陶도河하濱빈ᄒᆞ실ᄉᆡ 器긔不불苦고窳유ᄒᆞ고 所소居

거애成셩聚츄ᄒᆞ고二이年년에成셩邑읍ᄒᆞ고三
삼年년에成셩都도ㅣ러라
녁산의가밧가ᄅᆞ실ᄉᆡᄇᆡᆨ셩이다밧마ᄋᆞᆯᄉᆞ
양ᄒᆞ고뢰퇵의가고기자브실ᄉᆡ사ᄅᆞᆷ이다
고기잇ᄂᆞᆫᄃᆡᄅᆞᆯᄉᆞ양ᄒᆞ고하슈ᄀᆞᅀᆡ가ᄃᆞᆯ것
구으실ᄉᆡ그ᄅᆞ시사오납고흘긔여디디아
니ᄒᆞ고잇ᄂᆞᆫ바애ᄆᆞᄋᆞᆯ히일고두ᄒᆡᆺ만의고
ᄋᆞᆯ히일고세ᄒᆡᆺ만의도읍이이더라
堯요ㅣ聞문之지聰총明명ᄒᆞ시고擧거於어畎
견畝묘ᄒᆞ샤妻쳐以이二이女녀ᄒᆞ시曰왈娥아

16a

皇황女녀英영이 釐이降강於어嬀규汭예시ᄒᆞ
다
요ㅣ 총명흠을드르시고밧이랑의가드르
시샤두녀로ᄡᅥ쳐ᄒᆞ시니골온아황과녀영
이니티장출혀규슈예슈ᄉᆞ이예살리시다
遂슈相샹堯요攝셥政정ᄒᆞ야放방驩환兜도ᄒᆞ시
며流뉴共공工공ᄒᆞ시며殛극鯀곤ᄒᆞ시며竄찬三
삼苗묘ᄒᆞ시고擧거才ᄌᆡ子ᄌᆞ八팔元원八팔凱
개ᄒᆞ시
드듸여요를도와졍ᄉᆞ를잡으샤환도를내

티시며공공을귀향보니시며곤을가도와

괴ᄅᆞᆯ게ᄒᆞ시며삼묘ᄅᆞᆯ원찬ᄒᆞ시고ᄌᆡ조로

온ᄌᆞ팔원과팔가ᄅᆞᆯ거쳔ᄒᆞ야ᄡᅳ시다

堯요ㅣ崩붕거시늘舜슌이避피位위河하南남이러시니

天텬下하朝됴覲근訟숑獄옥謳구歌가者쟈ㅣ不블歸귀堯요之지子ᄌᆞ而이歸귀舜슌이어늘

遂슈卽즉位위ᄒᆞ샤以이土토德덕으로王왕ᄒᆞ샤

命명九구官관ᄒᆞ시고咨ᄌᆞ十십二이牧목ᄒᆞ시다

요ㅣ주거시늘슌이텬ᄌᆞ위ᄅᆞᆯ하남의가피

ᄒᆞ엿더시니텬하의됴회ᄒᆞ야뵈ᄂᆞᆫ이와숑
ᄉᆞᄒᆞᄂᆞ니와옥을숑ᄒᆞᄂᆞ니와읍쥬어려싱
각ᄒᆞ야놀래부ᄅᆞᄂᆞ니요의아ᄃᆞᆯ의게ᄂᆞᆫ도
라가지아니ᄒᆞ고슌의게도라오거ᄂᆞᆯ드듸
여텬ᄌᆞ위예나아가샤ᄒᆞᆰ덕으로베임금되
샤아홉관원을시기시고열두목을무ᄅᆞ시
다

四ᄉᆞ海히之지內ᄂᆡㅣ咸함戴ᄃᆡ舜슌功공이러
라彈탄五오絃현之지琴금ᄒᆞ시고歌가南남風
풍之지詩시而이天텬下하ㅣ治티러라其기詩

시예曰왈南남風풍之지薰훈兮혜여可가以이
이解히吾오民민之지慍온兮혜다로南남風풍
之지時시兮혜여可가以이阜부吾오民민之
지財재兮혜다로

녜바다안히다슌의공을엳더라다ᄉᆞ시위
거믄고ᄅᆞᆯᄐᆞ시고남녁ᄇᆞ람시ᄅᆞᆯ노래부르
시니텬하ㅣ다ᄉᆞ더라그시예ᄀᆞᆯ오ᄃᆡ남녁
ᄇᆞ람이후덥ᄃᆞᆺ홈이여가히ᄡᅥ내ᄇᆡᆨ셩의노
흠을플리로다남녁ᄇᆞ람이ᄯᅢ로부로미여
가히ᄡᅥ내ᄇᆡᆨ셩의ᄌᆡ믈을두텁게ᄒᆞ리로다

時시예景경星셩이出츌ᄒᆞ고卿경雲운이興흥
이어놀百빅工공이相샹和화而이歌가曰왈卿
경雲운爛난芳혜어禮녜漫만漫만芳혜로다日
일月월光광華화예旦됴復복旦됴芳혜로다
ᄯᅢ예빗난별이나고빗난구로미니러나거
ᄂᆞᆯ빅관이서로화ᄒᆞ야놀래블러ᄀᆞᆯ오ᄃᆡ빗
난구로미ᄒᆞ억홈이여녜되길고기도다히
과ᄃᆞᆷ의비최여아춤이오ᄯᅩ아춤이로다
舜슌의子ᄌᆞ商샹均균이不블肖초븨어乃내
薦쳔舜슌於어天텬이러시니舜슌이南남巡슌狩

슈ᄒᆞ샤崩붕於어蒼창梧오之지野야ᄒᆞ시니在재位위六뉵十십一일載ᄌᆡ러라禹우ㅣ即즉位위ᄒᆞ시다

舜슌의아ᄃᆞᆯ샹균이ᄀᆞᆺ지못ᄒᆞ거ᄂᆞᆯ이에우ᄅᆞᆯ하ᄂᆞᆯ긔쳔거ᄒᆞ얏더시니舜슌이남으로슌슈ᄒᆞ야창오들희가주그시니텬ᄌᆞ위예겨션지예슌ᄒᆞᆫ희러라위텬ᄌᆞ위예나아가시다

夏紀 夏后氏禹

ᄂᆞᆫ姒ᄉᆞ姓셩이오或혹曰왈名명은文문命명이니鯀곤之지子ᄌᆞ오顓뎐頊욱의孫손也야라

하후시우ᄂᆞᆫᄉᆞ셩이오혹ᄀᆞᆯ온일홈은문명
이니곤의아ᄃᆞᆯ이오뎐욱의손ᄌᆞ라
鯀곤이堙인洪홍水슈뇌어舜슌이擧거禹우
代ᄃᆡ之지ᄒᆞ대신勞노身신焦쵸思ᄉᆞᄒᆞ야居거外
외八팔年년에過과家가門문不블入입ᄒᆞ고시
陸뉵行ᄒᆡᇰ乘승車거ᄒᆞ며水슈行ᄒᆡᇰ乘승舡션ᄒᆞ야
泥니行ᄒᆡᇰ乘승橇교ᄒᆞ며山산行ᄒᆡᇰ乘승欙구ᄒᆞ야
開개九구州쥬ᄒᆞ고通통九구道도ᄒᆞ고陂피九구
澤ᄐᆡᆨᄒᆞ고度탁九구山산ᄒᆞ고시告고厥궐成셩功
공ᄒᆞ시舜슌이嘉가之지ᄒᆞ야使ᄉᆞ率솔百ᄇᆡᆨ官

관야ᄒᆞ行힝天텬子ᄌᆞ事ᄉᆞ시게ᄒᆞ다

곤이큰물을막거ᄂᆞᆯ슌이우물거쳔ᄒᆞ야뒤
ᄒᆞ신대몸을슈고로이ᄒᆞ고ᄉᆡᆼ각을불붓두
시ᄒᆞ야밧긔이신여ᄃᆞᆲ히예집문을디나되
드지아니ᄒᆞ시고뭇티ᄃᆞ니실제슈리ᄅᆞᆯ투
며물의ᄃᆞ니실제비ᄅᆞᆯ투며ᄌᆞᆫ뒤ᄃᆞ니실제
격지ᄅᆞᆯ신으며뫼히ᄃᆞ니실제쟈할을투샤
아홉고을흘열고아홉길을통ᄒᆞ고아홉모
솔밧고아홉뫼흘혜시고그공일우믈고ᄒᆞ
시니슌이아ᄅᆞᆷ다이너기샤ᄒᆞ여곰ᄇᆡᆨ관을

거ᄂᆞ려텬ᄌᆞ의일을힝케ᄒᆞ시다

舜슌이崩붕거시ᄂᆞᆯ禹우ㅣ避피位위於어陽양城셩이러시다天텬下하之지人인이不블歸귀舜슌之지子ᄌᆞ而이歸귀禹우ㅣ어ᄂᆞᆯ乃내踐쳔位위ᄒᆞ샤水슈德덕으로王왕ᄒᆞ시고以인寅인月월로爲위歲셰首슈ᄒᆞ시다

舜슌이죽거시ᄂᆞᆯ우ㅣ텬ᄌᆞ위ᄅᆞᆯ양셩의가피ᄒᆞ얏더시니텬하사ᄅᆞᆷ이舜슌의아ᄃᆞᆯ의게도라가지아니ᄒᆞ고우의게도라오거ᄂᆞᆯ이에텬ᄌᆞ위ᄅᆞᆯ볼오샤믈덕으로님금되시고저

우몸ᄃᆞᆯ로ᄡᅧ힛머리를삼으시다

聲셩爲위律뉼오이身신爲위度도외左좌準쥰

繩승오이右우規규矩구시다려

소릐풍뉴곡되되고몸이되되고왼녁ᄒᆞᆫ쥰

ᄒᆞᆫ노히오올ᄒᆞᆫ녁ᄒᆞᆫ규구려시다

一일饋궤十십起긔ᄒᆞ샤以이勞노天텬下하之

지民민ᄒᆞ시다

ᄒᆞᆫ번밥자실제열번이러나샤ᄡᅧ텬하ᄇᆡᆨ셩

을위로ᄒᆞ시다

出츌見견罪죄人인ᄒᆞ고시下하車거ᄒᆞ샤問문而

이泣읍曰왈堯요舜슌之지人인은以이堯요
舜슌之지心심으로爲위心심이니러寡과人인이
爲위君군ᄒᆞ논야百빅姓셩이各각自ᄌᆞ以이其
기心심으로爲위心심ᄒᆞ니寡과人인이痛통之지
ᄒᆞ노라

나가죄인을보시고수뤼예누리샤뭇고우
려골오샤ᄃᆡ요舜슌적사ᄅᆞᆷ은요舜슌의ᄆᆞ음으
로ᄡᅥᄆᆞ음을삼더니내님금되여ᄂᆞᆫ빅셩이
각각스스로제ᄆᆞ음으로ᄡᅥᄆᆞ음삼으니내
셜워ᄒᆞ노라

古고有유醴녜酪락이러니 至디禹우時시ᄒᆞ야 儀
의狄뎍이作쟉酒쥬ㅣ어놀 禹우ㅣ飮음而이甘
감之지曰왈後후世셰에 必필有유以이酒쥬
亡망國국者쟈ㅣ라ᄒᆞ시고 遂수疏소儀의狄뎍ᄒᆞ시다
녜도 술이 잇더니 우의 ᄣᅢ에 니ᄅᆞ러 의뎍이
술을 ᄆᆡᆼ그라 놀우ㅣ 자시고 ᄃᆞᆯ게 너겨 니ᄅᆞ
샤ᄃᆡ 후셰예 반ᄃᆞ시 술로ᄡᅥ 나라ᄒᆞᆯ 망ᄒᆞ리
이시리라ᄒᆞ시고 드듸여 의뎍을 소ᄒᆞ시
다
[illegible]九구牧목之지金금ᄒᆞ야 鑄주九구鼎뎡ᄒᆞ시

22a

니 三삼足족이象샹三삼德덕이라以이享향上
샹帝뎨鬼귀神신ᄒᆞ시다
아홉고을쇠롤거두어아홉솟틀디시니녯
발이녯덕을열굴ᄒᆞ엿더라배샹뎨귀신ᄋᆡ
졔ᄒᆞ시다
會회諸졔侯후於어塗도山산ᄒᆞ시니執집玉옥
帛빅者쟈ㅣ萬만國국이러라
졔후롤도산의모호시니옥과명쥬잡으니
일만나라히러라
禹우ㅣ濟졔江강ᄒᆞ실서 黃황龍룡이負부舟쥬

ᄒᆞ나舟쥬中듕人인이懼구ㅣ러라禹우ㅣ仰앙天
텬歎탄曰왈吾오ㅣ受슈命명於어天텬ᄒᆞ야竭
갈力녁以이勞노萬만民민ᄒᆞ노니生ᄉᆡᆼ은寄긔
也야오死ᄉᆞ는歸귀也야ㅣ라ᄒᆞ시고視시龍룡을
猶유蝘언蜓뎡ᄒᆞ야顔안色ᄉᆡᆨ不블變변ᄒᆞ신대龍
룡이俛면首슈低뎌尾미而이逝셔ᄒᆞ니라
우ㅣ강을건너실ᄉᆡ누른룡이ᄇᆡ를지니ᄇᆡ
가온ᄃᆡ사ᄅᆞᆷ이다무셔워ᄒᆞ더라우ㅣ하ᄂᆞᆯ
을우러러한숨디어ᄀᆞᆯᄋᆞ샤ᄃᆡ내명을하ᄂᆞᆯ
ᄭᅴ받ᄌᆞ와힘을다ᄒᆞ야ᄇᆡ만ᄇᆡᆨ셩을위로ᄒᆞ

노니살기ᄂᆞᆫ부텬거시오죽기ᄂᆞᆫ도라가미
라ᄒᆞ고룡보기ᄅᆞᆯ도마비얌ᄀᆞᆺ티너기샤ᄃᆡ
빗출변티아니ᄒᆞ시니룡이머리ᄅᆞᆯ굽피고
ᄭᅩ리ᄅᆞᆯᄂᆞᄌᆞ기ᄒᆞ고가니라
南남巡슌ᄒᆞ야至지會회稽계山산而이崩붕ᄒᆞ시
다子ᄌᆞ啓계ㅣ賢현ᄒᆞ야能능繼계禹우道도ㅣ
러라禹우ㅣ嘗샹薦쳔益익於어天텬이러시니謳구
歌가朝됴覲근者쟈ㅣ不불之지益익而이之
지啓계曰왈吾오君군之지子ᄌᆞ也야ㅣ라ᄒᆞ야ᄂᆞᆯ
啓계ㅣ遂슈立닙ᄒᆞ다

남으로순슈ᄒᆞ샤회계산의니르러죽으시
다아ᄃᆞᆯ계어디러능히우의도ᄅᆞᆯ니을너라
우ㅣ일즉익을하ᄂᆞᆯ계쳔거ᄒᆞ얏더시니읍
쥬어려셩각ᄒᆞ야ᄂᆞᆯ래부루니와됴회ᄒᆞ
야뵈ᄂᆞ니익의계가지아니ᄒᆞ고계의게가
ᄌᆞᆯ오ᄃᆡ우리임금의아ᄃᆞᆯ이라ᄒᆞ야ᄂᆞᆯ계드
듸여셔다
有유扈호氏시ㅣ無무道도ᄒᆡ어 啓계ㅣ討토
之지于우甘감ᄯᅡᄒᆡ시
유호시되업거ᄂᆞᆯ계ㅣ감의가티시다

啓계ㅣ崩붕ᄒᆞ거시ᄂᆞᆯ子ᄌᆞ太康태강이立닙ᄒᆞ야盤
반遊유不블返반ᄒᆞ야ᄂᆞᆯ 有유窮궁后후羿예ㅣ
立닙其기弟뎨仲듕康강而이專젼其기政졍
ᄒᆞ니羲희和화ㅣ黨당於어羿예ᄒᆞ야 胤윤后후
ㅣ承승王왕命명征졍之지ᄒᆞ다

계주거시ᄂᆞᆯ아ᄃᆞᆯ태강이녀두로놀고도라
오지아니ᄒᆞ거ᄂᆞᆯ유궁임금예그아ᅌᆞ듕강
을셰오고그졍ᄉᆞ를오로ᄒᆞ니희화ㅣ예
의게당ᄒᆞ거ᄂᆞᆯ윤후ㅣ왕의명을니어티다

仲듕康강이崩붕ᄒᆞ거시ᄂᆞᆯ子ᄌᆞ相샹이立닙ᄒᆞ니이러羿

예ㅣ弑시相샹簒찬立닙ᄂᆞᆯ이어嬖폐臣신寒한
浞착이又우殺살羿예自ᄌᆞ立닙ᄒᆞ야
듀강이주거ᄂᆞᆯ아ᄃᆞᆯ샹이셧더니예샹을주
기고아사셧거ᄂᆞᆯ고이ᄂᆞᆫ신하한착이ᄯᅩ예
ᄅᆞᆯ주기고스스로셔다
相샹之지后후ᄂᆞᆫ有유仍인國국君군의女녀ㅣ라
也야라方방娠신ᄒᆞ야奔분有유仍인而이生싱
少쇼康강ᄒᆞ니其기後후에少쇼康강이有유田
뎐一일成셩ᄒᆞ고有유衆즁一일旅려ᄒᆞ야因인夏
하舊구臣신靡미ᄒᆞ야擧거兵병滅멸浞착而이

復복禹우之지績젹ᄒᆞ다
샹의후ᄂᆞᆫ유인나라님금의ᄯᆞᆯ이라바야ᄒᆞ
로ᄌᆞ식비야유인으로ᄃᆞ라나쇼강을낫타
그후에쇼강이밧ᄒᆞᆫ셩을두고둥ᄒᆞᆫ녀ᄅᆞᆯ두
어핫나라녜신하미ᄅᆞᆯ인ᄒᆞ야병을드러착
을멸ᄒᆞ고우의덕을다시ᄒᆞ다
自ᄌᆞ少쇼康강以이來ᄅᆡ로歷녁王왕杼뎌王
왕槐괴王왕芒망王왕泄셜王왕不불降강王
왕扃경王왕廑근ᄒᆞ야至지王왕孔공甲갑ᄒᆞ야好
호鬼귀神신ᄒᆞ고事ᄉᆞ淫음亂난ᄒᆞ니夏하德덕이

衰쇠ᄒᆞ다 天텬降강二이龍룡ᄒᆞ나 有유雌ᄌᆞ雄웅이러니 陶도唐당氏시之지後후ㅣ有유劉류累루者자ᄒᆞ나 學ᄒᆞᆨ擾요龍룡ᄒᆞ야 以이事ᄉᆞ孔공甲갑ᄒᆞᆫ대 賜ᄉᆞ之지姓셩御어龍룡氏시ᄒᆞ다 龍룡一일雌ᄌᆞㅣ死ᄉᆞ거ᄂᆞᆯ 潛ᄌᆞᆷ醢혜ᄒᆞ야 以이食ᄉᆞ孔공甲갑ᄒᆞᆫ대 復부求구之지어ᄂᆞᆯ 累루ㅣ懼구而이逃도ᄒᆞ다

쇼강으로브터ᄇᆡ오모로왕뎌과왕괴과왕망과왕셜과왕블강과왕경과왕근을디나왕공갑의이르러귀신을됴히너기고음난

을일삼ᄋᆞ니핫나라덕이쇠ᄒᆞ다하ᄂᆞᆯ이두
룡을ᄂᆞ리오니암과수ㅣ잇더니도당시의후
ㅣ뉴루ㅣ이시니룡길드리기ᄅᆞᆯ비화ᄡᅥ공
갑을셤긴대셩어룡시ᄅᆞᆯ주다룡ᄒᆞᆫ암이죽
거ᄂᆞᆯᄀᆞ마니젓다마ᄡᅥ공갑을머긴대ᄯᅩ구
ᄒᆞ거ᄂᆞᆯ루ㅣ므ᅀᅧ워ᄃᆞ라나다
孔공甲갑之지後후에歷녁王왕皐고王왕
發발ᄒᆞ야至지王왕履리癸계ᄒᆞ니號호為위桀걸이라
貪탐虐학ᄒᆞ고力녁能능伸신鐵텰鉤구ᄒᆞ더라索
ᄉᆡᆨ伐벌有유施시氏시어ᄂᆞᆯ有유施시ㅣ以이末

미喜희로女녀焉언ᄒᆞ니有유寵춍ᄒᆞ야所소言언
을皆ᄀᆡ從죵ᄒᆞ야爲위瓊경宮궁瑤요臺ᄃᆡᄒᆞ고殫
탄民민財ᄌᆡᄒᆞ야肉육山산脯포林림ᄒᆞ고酒쥬池
디可가以이運운舡션이오糟조堤뎨可가以이
望망十십里니러라一일鼓고而이牛우飮음者
쟈ㅣ三삼千쳔人인이니末미喜희ㅣ以이爲위
樂락ᄒᆞ고國국人인이大대崩붕이어ᄂᆞᆯ湯탕이伐
벌夏하ᄒᆞ니桀걸이走주鳴명條됴丘구而이死ᄉᆞ
ᄒᆞ다

공갑의후에왕고과왕발을디나왕니계여

27a

니ᄅᆞ니일홈이걸이라탐ᄒᆞ고모딜고힘히
능히쇠ᄭᅳᆯ희ᄅᆞᆯ펴더라유시시ᄅᆞᆯ구셕ᄒᆞ야
티거ᄂᆞᆯ유시미희로벼부티니고이미이셔
니ᄅᆞᄂᆞᆫ바ᄅᆞᆯ다조차구슬궁과구슬대ᄅᆞᆯ밍
ᄀᆞᆯ고ᄇᆡᆨ셩의ᄌᆡ믈ᄋᆞᆯ다ᄒᆞ야고기뫼와포육
수플을ᄒᆞ고술모시가히벼비ᄅᆞᆯ움즈기고
즤경이두던이가히벼십니ᄅᆞᆯᄇᆞ랄너라ᄒᆞᆫ
번북치고쇼마시ᄃᆞᆺᄒᆞ리삼쳔인이니믜희
벼깃거ᄒᆞ고나라사ᄅᆞᆷ이크게문허지거ᄂᆞᆯ
탕이하ᄅᆞᆯ티시니걸이명됴의ᄃᆞ라나죽다

夏하ㅣ 爲위天텬子ᄌᆞㅣ 一일十십七칠世셰
니 凡범四ᄉᆞ百ᄇᆡᆨ五오十십八팔年년이러라
하ㅣ 텬ᄌᆞㅣ 되연디 ᄒᆞᆫ열닐곱뉘니 믈릇ᄉᆞ
ᄇᆡᆨ쉰여ᄃᆞᆲᄒᆡ러라

殷은王왕成성湯탕은 子ᄌᆞ姓셩이오 名명은 履
니라 其기先션曰왈契셜이니 帝뎨嚳곡의 子ᄌᆞ
也야ㅣ라 母모簡간狄뎍은 有유娀융氏시女녀
ㅣ니 見견玄현鳥됴ㅣ 墮타卵난ᄒᆞ고 呑툰之지生
싱契셜ᄒᆞ니 爲위唐당虞우司ᄉᆞ徒도ᄒᆞ야 封봉於
어商샹ᄒᆞ고 賜ᄉᆞ姓셩ᄒᆞ다

은왕셩탕은ᄌᆞ셩이오일홈은니라그면져
ᄂᆞᆫᄌᆞᆯ온셜이니뎨곡의아ᄃᆞᆯ이라어미간뎍
은유융시의ᄯᆞᆯ이니져비알ᄲᅥ러ᄇᆞ리물보
고ᄉᆞᆷ켜셜로나흐니당우적ᄉᆞ도ㅣ되여샹
의봉ᄒᆞ고셩을주다
傳뎐昭쇼明명相샹土토昌챵若약曹조圉어
曰왈冥명曰왈振진曰왈微미曰왈報보丁뎡
報보乙을報보丙병主쥬壬임主쥬癸계ᄒᆞ니主
쥬癸계의子ᄌᆞ天텬乙을이是시爲위湯탕이라
始시都도亳박ᄒᆞ야使ᄉᆞ人인以이幣폐로聘빙

伊이尹윤于우莘신ᄒᆞ야進진之지夏하桀걸ᄒᆞᆫ대

不블用용이어ᄂᆞᆯ尹윤이復부歸귀湯탕ᄒᆞ니如여

是시者쟈ㅣ五오러라

쇼명과샹토과챵약과조어과콘온명과콘

온진과콘온미과콘온보뎡과보을과보병

과쥬임과쥬계ᄅᆞᆯ디나니쥬계의아ᄃᆞᆯ텬을

이이탕이라비로소박의도읍ᄒᆞ야사ᄅᆞᆷ으

로ᄒᆡ여곰폐빅으로ᄡᅥ이윤을신의블너하

걸의나은대ᄡᅳ지아니ᄒᆞ거ᄂᆞᆯ윤이다시탕

ᄭᅴ드라오니이ᄀᆞᆺ드미다ᄉᆞᆺ번이러라

桀걸이 殺살諫간者쟈 關관龍룡逢방이어ᄂᆞᆯ 湯
탕이 使ᄉᆞ人인 哭곡之지ᄒᆞᆫ대 桀걸이 怒노ᄒᆞ야
召쇼湯탕 囚슈夏하臺듸러니 已이而이오 得득
釋셕ᄒᆞ다

걸이 간ᄒᆞᄂᆞᆫ 쟈 관룡방을 주겨ᄂᆞᆯ 탕이 사ᄅᆞᆷ
으로 ᄒᆡ여 곰울라ᄒᆞ신대 걸이 노ᄒᆞ야 탕을
불너 하듸예 가도앗더니 이윽고 노히믈 엇
다

湯탕이 出츌見견ᄒᆞ시니 有유張장網망四ᄉᆞ面
면 而이 祝츅之지 曰왈 從죵天텬降강ᄒᆞ며 從죵

地디出츌ᄒᆞ며從죵四ᄉᆞ方방來ᄅᆡ者쟈ㅣ皆개罹리吾오網망ᄒᆞ라ᄒᆞ야ᄂᆞᆫ湯탕이曰왈嘻희라盡진之지矣의로다乃나解ᄒᆡ其기三삼面면ᄒᆞ고改ᄀᆡ祝츅曰왈欲욕左좌ㅣ어든左좌ᄒᆞ고欲욕右우ㅣ어든右우ᄒᆞ고不불用용命명者쟈ᄂᆞᆫ入입吾오網망ᄒᆞ라ᄒᆞ신대諸졔侯후ㅣ聞문之지曰왈湯탁德덕이至지矣의ᄒᆞ야及급禽금獸슈ㅣ라ᄒᆞ더라

탕이나가보시니금으ᄅᆞᆯ넨면의벼플고빌니이셔ᄀᆞᆯ오되하ᄂᆞᆯ로조ᄎᆞᄂᆞ리며ᄯᅡᄒᆞᆯ조차나며ᄉᆞ방을조차오리라내그믈의걸니

라ᄒᆞ야 ᄂᆞᆯ탕이 ᄌᆞᆷᄋᆞ샤 뒤슬푸다다 ᄒᆞ리로,
다이에 구세면을 폴고고 쳐비려 ᄌᆞᆯ오 뒤왼
녁ᄒᆞ로 가고 져ᄒᆞ거든 왼녁ᄒᆞ로 가고 올ᄒᆞᆫ
녁ᄒᆞ로 가고 져ᄒᆞ거든 올ᄒᆞᆫ녁ᄒᆞ로 가고 명
을 ᄡᅳ디 아니누니ᄂᆞᆫ 내 그믈의 들라ᄒᆞ신대
졔후ᅵ 듯고 ᄌᆞᆯ오 뒤탕의 덕이 지극ᄒᆞ샤 새
즘싱의 밋ᄂᆞᆫ다 ᄒᆞ더라
伊이尹윤이 相샹湯탕伐벌桀걸ᄒᆞ야 放방之지
南남巢소ᄒᆞᆫ대 諸졔侯후ᅵ 尊존湯탕爲위天텬
子ᄌᆞᄒᆞ니 金금德덕ᄋᆞ로 王왕ᄒᆞ고 以이丑츅月월로

爲위歲셰首슈ᄒᆞ시다

이윤이탕을도와걸을텨남소의내틴뒤져후ㅣ탕을노펴텬ᄌᆞᄅᆞᆯ삼으니쇠덕으로님금되고쇼돔로배회머리ᄅᆞᆯ삼으시다

大대旱한七칠年년이어ᄂᆞᆯ太태史ᄉᆞ占졈之지曰왈當당以이人인으로禱도ㅣ로소이다湯탕이曰왈吾오所소爲위請쳥者쟈ᄂᆞᆫ民민也야ㅣ니若약必필以이人인禱도ㅣ댄吾오ㅣ請쳥自ᄌᆞ當당호리라ᄒᆞ시고遂슈齋지戒계ᄒᆞ야剪젼爪조斷단髮발ᄒᆞ시고身신嬰영白빅茅모ᄒᆞ야以이身신爲위

犧희牲싱ᄒᆞ야 禱도于우桑상林님之지野야ᄒᆞ시
고 以이六뉵事ᄉᆞ로 自ᄌᆞ責칙曰왈 政졍不불
節졀歟여 아 民민失실職직歟여 아 宮궁室실
이 崇숭歟여 아 女녀謁알이 盛셩歟여 아 苞포
苴져ㅣ 行힝歟여 아 讒참夫부ㅣ 昌챵歟여 아
言언未미已이 예 大대雨우ㅣ 方방數수千쳔
里리ᄒᆞ다
그제 ᄀᆞ믈기 칠년이어ᄂᆞᆯ 태ᄉᆞㅣ 졈복ᄒᆞ여
ᄀᆞᆯ오ᄃᆡ 맛당히 사ᄅᆞᆷ으로 ᄡᅥ 빌리로소이다
탕이 ᄀᆞᆯ오ᄃᆡ 내 위ᄒᆞ여 쳥ᄒᆞᄂᆞᆫ 바ᄂᆞᆫ 빅셩

이니만일반다시사ᄅᆞᆷ으로ᄇᆡ빌딘대나쳥
권ᄃᆡ스스로당ᄒᆞ리라ᄒᆞ시고드듸여ᄌᆡ계
ᄒᆞ야손톱을버히고머리터럭을그ᄎᆞ시고
몸의흰뉘ᄅᆞᆯ니브샤몸으로ᄇᆡ희싱이되야
샹님들희가비ᄅᆞ시고여ᄉᆞᆺ일노ᄇᆡ스스로
칙ᄒᆞ야ᄀᆞᆯᄋᆞ샤ᄃᆡ졍셔뎔당티아니ᄒᆞ냐ᄇᆡᆨ
셩이직업을일헛ᄂᆞ냐집이노프냐계집뵈
ᄂᆞ니셩ᄒᆞ냐ᄀᆞ령이예ᄇᆞᆫ거시힝ᄒᆞᄂᆞ냐하
ᄉᆞᆺ귀리ᄂᆞ니챵셩ᄒᆞ냐말ᄉᆞᆷ을그치디아녀
셔ᄅᆞᆫ비ᄉᆞ방으로슈쳔리ᄅᆞᆯ오다

湯탕이崩붕ᄒᆞ거시太태子ᄌᆞ太태丁뎡이早조
卒졸ᄒᆞ고次ᄎᆞ子ᄌᆞ外외丙병이立닙二이年년
에崩붕ᄒᆞ고弟뎨仲듕壬임이立닙四ᄉᆞ年년에
崩붕ᄒᆞ다
탕이죽거시ᄂᆞᆯ태ᄌᆞ태뎡이일죽고버금아
ᄃᆞᆯ외병이셔셔두ᄒᆡᆺ만의죽고아ᄋᆞ듕임이
셔셔네ᄒᆡᆺ만의죽다
太태丁뎡之지子ᄌᆞ太태甲갑이立닙ᄒᆞ야不불
明명ᄒᆞᆫ이어伊이尹윤이放방之지桐동宮궁ᄒᆞᆫ대
居거憂우三삼年년에悔회過과自ᄌᆞ責칙어이

놀 尹윤이 乃내 奉봉歸귀亳박ᄒᆞ야 修슈德덕ᄒᆞ니 諸졔侯후ㅣ 歸귀之지ᄒᆞ더라

태뎡의 아ᄃᆞᆯ 태갑이 셔셔 ᄇᆞᆰ디 몯ᄒᆞ거ᄂᆞᆯ 이윤이 동궁의 내친 뒤우의 이신 세 히에 허믈을 뉘우처 스스로 그릇ᄒᆞ다 ᄒᆞ거ᄂᆞᆯ 윤이 이ᄂᆞᆫ 에 뫼셔 박의 도라와 어딘 덕을 닷그니 졔후ㅣ 도라오더라

自ᄌᆞ太태甲갑으로 歷녁[illegible] [illegible] [illegible]ᄒᆞ야 至지[illegible]ᄒᆞ야 亳박有유祥샹桑상穀곡이 共공生ᄉᆡᆼ于우朝됴ᄒᆞ야 一

일日일暮모애 大대拱공이어ᄂᆞᆯ 伊이陟텩이 日

왈妖요不불勝승德덕이니 君군其기修슈德덕ᄒᆞ쇼셔

太태戊무ㅣ修슈先션王왕之지政졍ᄒᆞ신대

三삼日일而이祥샹桑상이 枯고死ᄉᆞᄒᆞ고 殷

은道도ㅣ復복興흥ᄒᆞ니 號호稱칭中듕宗종이라

ᄒᆞ더라

태갑으로부터 옥뎡과 태경과 쇼갑과 옹긔

ᄅᆞᆯ디나 태무에 니라러 박의 샹셰엿ᄲᅩᆼ나모

과 닥남기 이셔 ᄒᆞᆫ가지로 됴뎡의 다ᄒᆞᄀᆞ나

죄 겻티 큰 우흠이어ᄂᆞᆯ 이텩이 ᄀᆞᆯ오ᄃᆡ 요긔

덕을이긔디몯ᄒᆞᆫ거시니님금이덕을닷

그쇼셔태무ㅣ몬져님금의졍ᄉᆞ로닷고산

뒤사ᄒᆞᆯ만의샹녜의ᄉᆡᆼ남기이우러주고은

되다시ᄂᆞ러나니일홈을듕종이라일ᄏᆞᆺ다

自ᄌᆞ太태戊무로歷녁仲듕丁뎡外외壬임ᄒᆞ야

至지河하亶단甲갑ᄒᆞ야避피水슈患환ᄒᆞ야遷쳔

于우相샹ᄒᆞ다

태무로부터무뎡과외임을디나하단갑의

니르러물환을피ᄒᆞ야샹의옮다

至지祖조乙을ᄒᆞ야居거耿경ᄒᆞ니이러又우圮븨于

우耿경ᄒᆞ다
조을의니ᄅᆞ러경의잇더니ᄯᅩ경이믄허디
다
歷녁祖조辛신沃옥甲갑祖조丁뎡南남庚경
陽양甲갑ᄒᆞ야至지盤반庚경ᄒᆞ야自ᄌᆞ耿경으로復
부遷쳔于우亳박ᄒᆞ니殷은道도ㅣ復부興흥ᄒᆞ다
조신과옥갑과조뎡과남경과양갑을디나
반경의니ᄅᆞ러경으로부터다시박의올ᄆᆞ
니은도ㅣ다시니러나다
自ᄌᆞ盤반庚경으로歷녁小쇼辛신小쇼乙을ᄒᆞ야

至지ᄒᆞ야 夢몽得득良냥弼필ᄒᆞ니 曰왈
說열이라 說열이 爲위胥셔靡미ᄒᆞ야 築튝于우傅
부巖암이어ᄂᆞᆯ 求구得득之지ᄒᆞ야 立닙爲위相샹
ᄒᆞ다 武무丁뎡이 祭졔湯탕ᄒᆞᆯ시 有유飛비雉치升
승鼎뎡而이雊구ㅣ어ᄂᆞᆯ 武무丁뎡이 懼구而이
反반己긔ᄒᆞ신대 殷은道도ㅣ復복興흥ᄒᆞ니 號호
稱칭高고宗종이라ᄒᆞ다

반경으로부터 쇼신과 쇼을을 디나 무뎡의
니라러 ᄭᅮᆷ의 어진 도을이ᄅᆞᆯ 어드니 ᄀᆞᆯ온 열
이라 열이 셔미ᄅᆞᆯ ᄃᆡᄒᆞ야 부암의가 ᄡᅡ거ᄂᆞᆯ

구ᄒᆞ야 어더 예워 경승을 삼다 무뎡이 탕ᄋᆡ
졔ᄒᆞᆯᄉᆡ ᄂᆞᄂᆞᆫ ᄭᅯᆼ이 이셔 솟ᄐᆡ 올라 울거ᄂᆞᆯ 무
뎡이 두려 몸의 두르혀 신ᄃᆡ 은도ㅣ 다시니
러나니 일홈을 고종이라 일ᄏᆞᆺ다
自ᄌᆞ武무丁뎡으로 歷녁祖조庚경祖조甲갑廩름
辛신庚경丁뎡ᄒᆞ야 至지武무乙을ᄒᆞ야 無무道
도ᄒᆞ야 爲위偶우人인ᄒᆞ야 謂위之지天텬神신이라
ᄒᆞ고 與여之지博박ᄒᆞᆯᄉᆡ 令령人인爲위行ᄒᆡᆼᄒᆞ야 天
텬神신이 不불勝승이어든 乃내僇뉵辱욕之지
ᄒᆞ고 爲위革혁囊낭盛셩血혈ᄒᆞ야 仰앙射셕之지

ᄒᆞ고命명曰왈射셕天텬이라ᄒᆞ더니ᄒᆞ出츌獵렵ᄒᆞ다가

爲위暴포雷뇌震진死ᄉᆞᄒᆞ다

무뎡으로부터조경과조갑과늠신과경뎡을더나무을의니ᄅᆞ러도ㅣ업서헷사ᄅᆞᆷ을ᄆᆡᆼ그라니로ᄃᆡ하ᄂᆞᆯ귀신이라ᄒᆞ고더부러쟝긔둘ᄉᆡ사ᄅᆞᆷ으로ᄒᆞ여곰힝ᄒᆞ야하ᄂᆞᆯ귀신이이긔지못ᄒᆞ거든이에주겨욕ᄒᆞ고가족주머니ᄅᆞᆯᄆᆡᆼ그라피ᄅᆞᆯ다마우러러ᄡᅩ고명ᄒᆞ야ᄀᆞᆯ오ᄃᆡ하ᄂᆞᆯ를ᄡᅩ패라ᄒᆞ더니나가산힝ᄒᆞ다가급ᄒᆞᆫ우레예벼락마자죽다

歷녁太태丁뎡帝뎨乙을ᄒᆞ야 至지帝뎨辛신ᄒᆞ야
名명은 受슈ㅣ오 號호爲위紂듀ㅣ라 資ᄌᆞ辯변이
捷쳡疾질ᄒᆞ고 手슈格격猛ᄆᆡᆼ獸슈ᄒᆞ고 智디足죡
以이拒거諫간이오 言언足죡以이飾식非비러라
태뎡과 뎨을을 디나 뎨신의 니ᄅᆞ러 일홈은
슈ㅣ오 호ᄅᆞᆯ 듀ㅣ라 ᄌᆞ딜과 말이 놀나고 수
이ᄒᆞ고 손으로 모딘 즘승을 티고 슬겁기 죡
히 벼간ᄒᆞᄂᆞ니ᄅᆞᆯ 막고 말이 죡히 벼ᄀᆞ르거
ᄉᆞᆯᄭᅮ미더라
始시爲위象샹著뎌ᄒᆡ어 箕긔子ᄌᆞㅣ 歎탄曰

왈彼피爲위象샹著뎌ᄒᆞ니必필不블盛셩以이
土토簋궤ᄒᆞ고將쟝爲위玉옥盃비로다玉옥盃비
象샹著뎌ㅣ면必필不블羹깅藜녀藿곽ᄒᆞ며衣의
短단褐갈而이舍샤茅모茨ᄌᆞ之지下하ᄒᆞ고則
즉錦금衣의九구重듕ᄒᆞ며高고臺ᄃᆡ廣광室실
ᄒᆞ리니稱칭此ᄎᆞ以이求구ㅣ면天텬下하ㅣ不블
足죡矣의리라

비르소샹그린준을밍그라놀긔ᄌᆞㅣ탄식ᄒᆞ
야ᄀᆞᆯ오ᄃᆡ뎌샹그린준을밍그니반ᄃᆞ시흙
그ᄅᆞᄉᆞ로ᄡᅥ담디아니ᄒᆞ고쟝ᄎᆞᆺ옥잔을밍

글리로다옥으로잔을ᄒᆞ고샹글인준을ᄒᆞ
면반드시명화과콩닙으로징을ᄒᆞ며댜룬
갈오솟니브며ᄣᅴ집아리사디아니ᄒᆞ고비
단으로옷ᄒᆞ고집을아흡블을ᄒᆞ며더롬놉
게ᄒᆞ고집을넙게ᄒᆞ리니이ᄅᆞᆯ맛게ᄒᆞ야ᄲᅧ
구ᄒᆞ면텬하ㅣ족디못ᄒᆞ리라
紂듀ㅣ伐벌有유蘇소氏시ᄒᆞᆫ대有유蘇소ㅣ以
이妲달己긔로女녀焉언ᄒᆞᆫ대有유寵총ᄒᆞ야其기
言언을皆개從종ᄒᆞ야厚후賦부稅셰ᄒᆞ야以이實
실鹿녹臺ᄃᆡ之지財지ᄒᆞ고盈영鉅거橋교之지

粟속ᄒᆞ고廣광沙사丘구苑원臺ᄃᆡᄒᆞ고以이酒쥬
爲위池디ᄒᆞ고懸현肉육爲위林림ᄒᆞ야爲위長댱
夜야之지飮음ᄒᆞ더라
듀ㅣ유소시ᄅᆞᆯ틴ᄃᆡ유소ㅣ달긔로ᄲᅥ부치
니고임이이셔그말ᄋᆞᆯ다조차공셰ᄅᆞᆯ두터
이바다ᄲᅥ녹ᄃᆡ예ᄌᆡ물을실히ᄒᆞ고거교의
곡셕을ᄎᆡ게ᄒᆞ고사구파원ᄃᆡᄅᆞᆯ넙게ᄒᆞ고
술노ᄲᅥ모술밍글고고기ᄅᆞᆯ다라수풀을밍
그라긴밤의먹기ᄅᆞᆯᄒᆞ더라
諸졔侯후ㅣ有유畔반者쟈ㅣ어ᄂᆞᆯ紂듀ㅣ乃내

重듕刑형辟벽ᄒᆞ야 爲위銅동柱듀ᄒᆞ야 以이膏고
塗도之지ᄒᆞ야 加가於어炭탄火화之지上샹ᄒᆞ고
使ᄉᆞ有유罪죄者쟈로 緣연之지ᄒᆞ니 足족滑활
ᄒᆞ야 跌딜墜튜火화中듕이어ᄂᆞᆯ 與여妲달己긔로
觀관之지大ᄃᆡ樂락ᄒᆞ고 名명曰왈炮포烙락之
지刑형이라ᄒᆞ다

졔후ㅣ 반ᄒᆞᄂᆞᆫ 쟈ㅣ 잇거ᄂᆞᆯ 듀ㅣ 이에 형벌
ᄒᆞᄂᆞᆫ 법을 듕히ᄒᆞ야 구리쇠 기동을 밍그라
기ᄅᆞᆷ으로 ᄇᆡ발나 숫블우희 셰오고 죄잇ᄂᆞᆫ
이로ᄒᆞ여 곰부터 오ᄅᆞ라 ᄒᆞ니 발이 믯그러

워드되여불가온뒤여러디거놀달괴로더
브러보와크게즐기고일홈을골오뒤곰논
형벌이라ᄒᆞ다
淫음虐학이甚심놀이어庶셔兄형微미子ᄌᆞㅣ
數삭諫간대ᄒᆞᆫ不불從죵놀이어去거之지고ᄒᆞ比비
干간이諫간三삼日일不불去거대ᄒᆞᆫ紂듀ㅣ怒
노曰왈吾오ㅣ聞문聖셩人인之지心심애有
유七칠竅규ㅣ라ᄒᆞ고剖부而이觀관其기心심ᄒᆞ다
箕긔子ᄌᆞㅣ佯양狂광爲위奴노놀ㅣ어紂듀ㅣ
囚슈之지ᄒᆞ다

음난ᄒᆞ고모딜미심ᄒᆞ거ᄂᆞᆯ얼형미ᄌᆞㅣᄌᆞ
조간ᄒᆞᆫᄃᆡ좃디아니ᄒᆞ거ᄂᆞᆯᄇᆞᆯ이고가고비
간이간ᄒᆞ고사ᄒᆞᆯ을가디아니ᄒᆞᆫᄃᆡ듀ㅣ노
ᄒᆞ야ᄀᆞᆯ오ᄃᆡᄂᆡ드르니셩인의ᄆᆞᄋᆞᆷ애일곱
굼긔잇ᄃᆞᄒᆞ고ᄲᅢ텨그ᄆᆞᄋᆞᆷ을보다긔ᄌᆞ위
노홈애거ᄌᆞᆺ미쳣거ᄂᆞᆯ듀ㅣ가도다
周쥬侯후昌창과及급九구侯후鄂악侯후ㅣ
爲위紂듀三삼公공이러니紂듀ㅣ殺살九구侯
후뇌ㅣ이鄂악侯후ㅣ爭징ᄒᆞᆫᄃᆡ竝병脯포之지ᄒᆞᆫᄃᆡ
昌창이聞문而이歎탄息식ᄒᆞᆫᄃᆡ신紂듀ㅣ囚슈

昌챵羑유里리나려昌챵之지臣신散산宜의生
싱이求구美미女녀珍딘寶보ᄒᆞ야進진ᄒᆞ니紂듀
ㅣ大대悅열ᄒᆞ야乃내釋셕昌챵ᄒᆞ다昌챵이退퇴
而이修슈德덕ᄒᆞ시니諸졔侯후ㅣ多다叛반紂
듀歸귀之지ᄒᆞ더라昌챵이卒졸커시ᄂᆞᆯ子ᄌᆞ發발
이立닙ᄒᆞ야率솔諸졔侯후伐벌紂듀ᄒᆞ신대紂듀
ㅣ敗패于우牧목野야ᄒᆞ야衣의寶보玉옥自ᄌᆞ
焚분死ᄉᆞᄒᆞ니殷은이亡망ᄒᆞ다
쥬후챵과밋구후과악후ㅣ듀의삼공이도
엿더니듀ㅣ구후ᄅᆞᆯ주기거ᄂᆞᆯ악후ㅣ말닌

뒤아오로포육ᄒᆞᄃᆞ챵이드르시고탄식ᄒᆞ
신뒤듀ㅣ챵을유리예가도왓더니챵의신
ᄒᆞᆫ산의싱이아롬다온겨집과보비롤구ᄒᆞ
야나오니듀ㅣ크게깃거이에챵을노타챵
이믈너와덕을닷그시니졔후ㅣ만히듀을
비반ᄒᆞ고도라오더라챵이주거시놀아돌
발이셔셔졔후롤거ᄂᆞ려듀롤티신뒤듀ㅣ
목야의가패ᄒᆞ야보비옥오솔닙고스스로
불타주그니은이망ᄒᆞ다
箕긔子ᄌᆞㅣ後후에朝됴周쥬ᄒᆞ실過과故고

殷은墟허ᄒᆞ샤傷샹宮궁室실이毁회壞괴ᄒᆞ고生
싱禾화黍셔ᄒᆞ야欲욕哭곡不블可가ㅣ오欲욕泣
읍則즉爲위近근婦부人인이라ᄒᆞ야乃나作작麥
믹秀슈之지歌가日왈麥믹秀슈漸졈漸졈芳
혜여禾화黍셔ㅣ油유油유ㅣ로다彼피狡교童
동兮혜여不블與여我아好호兮혜로다ᄒᆞ시니殷
은民민이聞문之디ᄒᆞ고皆미流뉴涕톄ᄒᆞ더라殷
은이爲위天텬子ᄌᆞㅣ三삼十십一일世셰니
六뉵百ᄇᆡᆨ四ᄉᆞ十십四ᄉᆞ年년이러라
긔ᄌᆞㅣ후의쥬에됴회ᄒᆞ실시네은나라터

흘디나ᄉᆞ뒤펄이문허지고벼과기장이나
믈슬피너겨울고져호되가티아니ᄒᆞ고쇼
뤼업시울고져ᄒᆞᆫ즉부인의게갓갑다ᄒᆞ야
이에뫽슈노리롤지어ᄀᆞᆯᄋᆞ샤되보리이삭
아ᄲᅢ혀나고ᄲᅢ혀남이여벼과기장이영ᄒᆞ
고영ᄒᆞ도다뎌간ᄉᆞᄒᆞᆫ아ᄒᆡ여날노더브러
됴티못ᄒᆞ도다ᄒᆞ시니은나라빅셩이듯고
다눈믈흘니더라은이텬ᄌᆞㅣ되연지셜흔
호뒤니뉵빅마흔네ᄒᆡ러라

周帝武王發은 姬희姓셩이오 名명은 發발이니

后후稷직의十십六뉵世셰孫손也야라后후稷직의名명은棄기라棄기의母모曰왈姜강嫄원이니爲위帝뎨嚳곡의元원妃비ᄒᆞ야出츌野야ᄒᆞ야見견巨거人인迹젹ᄒᆞ고心심欣흔然연踐쳔之지ᄒᆞ야生싱棄기ᄒᆞ니以이爲위不블祥샹이라ᄒᆞ야棄기之지隘익巷항ᄒᆞ니馬마牛우ㅣ避피不블踐쳔ᄒᆞ고置티之지平평林님ᄒᆞ니適뎍會회林님中듕多다人인遷쳔之지ᄒᆞ고徙ᄉᆞ置티寒한氷빙ᄒᆞ니鳥됴ㅣ覆부翼익之지어늘以이爲위神신이라ᄒᆞ야遂슈收슈之지ᄒᆞ다

쥬무왕은희셩이오일홈은발이니후직의
열여ᄉᆞᆺ뒤손ᄌᆞㅣ라후직의일홈은기라기
의어미ᄂᆞᆫᄀᆞᆯ온강원이니뎨곡의웃듬후비
되여들희나가큰사ᄅᆞᆷ의ᄌᆞ최ᄅᆞᆯ보고ᄆᆞ옴
애깃거ᄇᆞᆯ바기ᄅᆞᆯ나흐니벼샹녜아니라ᄒᆞ
야조본거리예ᄇᆞ린뒤ᄆᆞ쇠피ᄒᆞ야ᄇᆞᆲ디아
니ᄒᆞ고평ᄒᆞᆫ수풀의ᄇᆞ린뒤마ᄎᆞᆷ슈풀가온
뒤만ᄒᆞᆫᄉᆞᄅᆞᆷ만나옴기고옴겨ᄎᆞᆫ얼옴의ᄃᆞᆫ
뒤새날개로더펏거ᄂᆞᆯ벼신긔롭다ᄒᆞ야ᄃᆞ
듸여거도다

兒ᄋᆞ時시예 屹흘如여巨거人인之지志디ᄒᆞ야
其기遊유戲희예 好호種죵樹슈ᄒᆞ더니 及급成
셩人인ᄒᆞ야 能능相샹地디之지宜의ᄒᆞ야 敎교
民민稼가穡ᄉᆡᆨᄒᆞ야 興흥於어陶도唐당ᄒᆞ니
아ᄒᆡ시졀의거륵이큰사ᄅᆞᆷ의ᄠᅳᆮᄀᆞᆺᄒᆞ야그
놀며희롱ᄒᆞᆯ제나모시므기ᄅᆞᆯ됴히너기더
니ᄌᆞᆺ사ᄅᆞᆷ이일미ᄂᆞᆫ능히ᄯᅡ히맛당ᄒᆞᆷ을보
와ᄇᆡᆨ셩을녀ᄅᆞᆷ짓기ᄅᆞᆯᄀᆞᄅᆞ쳐도당적의니
러나다
虞우夏하之지際졔예 爲위農롱師ᄉᆞᄒᆞ야封봉

於어邰티ᄒᆞ고別별其기姓셩ᄒᆞ고號호를后후稷
직이라ᄒᆞ다
우하俐예롱ᄉᆞㅣ되여티에봉ᄒᆞ고그셩을
각별이ᄒᆞ고일홈을후직이라ᄒᆞ다
卒졸커놀子ᄌᆞ不불窋굴이立닙이러니夏하后후
氏시ㅣ政졍衰쇠에不불窋굴이失실其기官
관ᄒᆞ고奔분戎융狄뎍之지間간ᄒᆞ다
죽거놀아돌불굴이셧더니하후시졍시쇠
잔ᄒᆞ미불굴이그벼슬을일코융뎍ᄉᆞ이로
두라나다

不불窋굴이卒졸커ᄂᆞᆯ子ᄌᆞ鞠국이立닙ᄒᆞ다鞠국
이卒졸커ᄂᆞᆯ子ᄌᆞ公공劉뉴ㅣ立닙ᄒᆞ야復부修슈
后후稷직之지業업ᄒᆞ야務무耕경種죵ᄒᆞ니百ᄇᆡᆨ
姓셩이懷회之지ᄒᆞ더라遷쳔于우豳빈ᄒᆞ다
불굴이죽거ᄂᆞᆯ아ᄃᆞᆯ국이셔다국이죽거ᄂᆞᆯ
아ᄃᆞᆯ공뉴ㅣ셔다시후직의업을닷가갈고
시무기ᄅᆞᆯ힘ᄡᅳ니ᄇᆡᆨ셩이ᄉᆞ랑ᄒᆞ더라빈의
옮다
自ᄌᆞ公공劉뉴로歷녁慶경節뎔皇황僕복參
合弗블毀훼隃유公공非비高고圉어亞아圉

어公공叔슉鉏져ᄒᆞ야至지古고公공亶단父보

ᄒᆞ야獯훈鬻육이侵침之지어ᄂᆞᆯ去거邠빈ᄒᆞ시고渡

도漆칠沮져踰유梁냥山산ᄒᆞ야邑읍於어岐기

山산之지下하ᄒᆞ야居거焉언ᄒᆞ신ᄃᆡ邠빈人인이

曰왈仁인人인也야ㅣ라不불可가失실也야ㅣ라

ᄒᆞ고扶부老노携슈幼유ᄒᆞ야以이從죵ᄒᆞ니他타傍

방國국이皆ᄀᆡ歸귀之지ᄒᆞᄃᆡ라

공뉴로부터경결과황복과솜불과훼유과

공비과고어과과아어과과공숙져로디나고공

단보의니루러훈육이침노ᄒᆞ거ᄂᆞᆯ빈을ᄇᆞ

리시고 칠져ᄅᆞᆯ 건너 냥산을 너머 괴산 아리 가도읍ᄒᆞ야 사ᄅᆞ신ᄃᆡ 빈 사ᄅᆞᆷ이 골오ᄃᆡ 어딘 사ᄅᆞᆷ이라 가히 ᄇᆞ리지 몯ᄒᆞᆯ 거시라 ᄒᆞ고 ᄂᆞᆯ그니ᄅᆞᆯ 븟들고 어린이ᄅᆞᆯ 잇그러 ᄲᅥ 조ᄎᆞ니 다ᄅᆞᆫ 겻나라히 다 도라오더라

古고公공의 長쟝子ᄌᆞᄂᆞᆫ 太태伯ᄇᆡᆨ이오 次ᄎᆞᄂᆞᆫ 虞우仲듕이라 其기妃비ᄂᆞᆫ 太태康강이라 生ᄉᆡᆼ少쇼子ᄌᆞ季계歷녁ᄒᆞ니 季계歷녁이 娶츄太태任임ᄒᆞ야 生ᄉᆡᆼ昌챵ᄒᆞ니 有유聖셩德덕이러라 太태伯ᄇᆡᆨ 虞우仲듕이 知디古고公공의 欲욕立닙季

계歷녁ᄒᆞ야 以이傳뎐昌챵ᄒᆞ고 乃내如여荊형蠻만ᄒᆞ야 斷단髮발文문身신ᄒᆞ야 以이讓양季계歷녁ᄒᆞ다

고공의 ᄆᆞᆺ아ᄃᆞᆯ은 ᄐᆡᄇᆡᆨ이오 버그니ᄂᆞᆫ 우듕이라 그 비ᄂᆞᆫ ᄐᆡ강이라 자근아ᄃᆞᆯ 계녁을 나ᄒᆞ니 계녁이 ᄐᆡ임을 취ᄒᆞ야 챵을 나ᄒᆞ니 셩인의 덕이 잇더라 ᄐᆡᄇᆡᆨ과 우듕이 고공의 계녁을 셰워 ᄇᆡ챵의게 뎐코쟈 ᄒᆞᄂᆞᆫ 줄을 알고 이에 형만의 가 머리 터럭을 ᄀᆞᆺ고 몸을 혈워 ᄇᆡ계녁의게 ᄉᆞ양ᄒᆞ다

古고公공이卒졸커ᄂᆞᆯ公공季계立닙ᄒᆞ다公공季
계ㅣ卒졸커ᄂᆞᆯ昌챵이立닙ᄒᆞ야為위西셔伯ᄇᆡᆨᄒᆞ다
西셔伯ᄇᆡᆨ이修슈德덕ᄒᆞ시니諸졔侯후ㅣ歸귀之
지ᄒᆞ더라
ㅣ고공이죽거늘공계셔다공계죽거늘챵이
셔셔ᄇᆡᆨ이되시다셔ᄇᆡᆨ이덕ᄅᆞᆯ닷그시니졔
후ㅣ도라오더라
虞우芮예ㅣ爭징田뎐不불能능決결ᄒᆞ야乃내
如여周쥬ᄒᆞ야入입界계ᄒᆞ야見견耕경者쟈ㅣ皆
ᄀᆡ遜손畔반ᄒᆞ며民민俗쇽이皆ᄀᆡ讓양長댱ᄒᆞ고

二이人인이慙참ᄒᆞ야相샹謂위曰왈吾오所소

爭징은周쥬人인의所소恥치ㅣ라ᄒᆞ고乃내不블

見견西셔伯ᄇᆡᆨ而이還환ᄒᆞ야俱구讓양其기田

뎐不블取취ᄒᆞ니漢한南남이歸귀西셔伯ᄇᆡᆨ者

쟈ㅣ四ᄉᆞ十십國국이皆기以이爲위受슈命

명之지君군이라ᄒᆞ니三삼分분天텬下하애有유

其기二이ᄒᆞ시다

우과예바톨ᄃᆞ토와능히결단치몯ᄒᆞ야이

예쥬에가디경의드러밧가ᄂᆞ니다ᄆᆞ을ᄉᆞ

양ᄒᆞ며ᄇᆡᆨ셩의풍속이다얼운의게ᄉᆞ양ᄒᆞ

ᄂᆞᆫ양을보고두사ᄅᆞᆷ이붓그려서ᄅᆞ닐러ᄀᆞᆯ
오ᄃᆡ우리ᄃᆞ토ᄂᆞᆫ바ᄂᆞᆫ쥬사ᄅᆞᆷ의붓그러옴
이라ᄒᆞ고이에셔ᄇᆡᆨ을보디아니ᄒᆞ고도라
가그바ᄐᆞᆯ다ᄉᆞ양ᄒᆞ야가지지아니ᄒᆞ니한
슈남녁키셔ᄇᆡᆨ의게도라오ᄂᆞ니마ᄒᆞᆫ나라
히다ᄇᆡ호ᄃᆡ명밧ᄂᆞᆫ님금이라ᄒᆞ니텬하ᄅᆞᆯ
셰헤ᄂᆞᆫ호미그둘흘두시다
有유呂녀尚샹者쟈ᄒᆞ니東동海ᄒᆡ上샹人인이라
窮궁困곤年년老노ᄒᆞ야漁어釣됴至지周쥬ㅣ러
니西셔伯ᄇᆡᆨ이將장獵렵애卜복之지曰왈非

비龍룡非비彲리며非비熊웅非비羆비며非
비虎호非비貔피오所소獲획은霸패王왕之
지輔보ㅣ라ᄒᆞ더라 果과遇우呂녀尚샹於어渭위
水슈之지陽양ᄒᆞ야與여語어ᄒᆞ시고大대悅열曰
왈自ᄌᆞ吾오先션君군太태公공이曰왈當당
有유聖셩人인이適뎍周쥬면周쥬ㅣ因인以
이興흥이라ᄒᆞ시니子ᄌᆞㅣ眞진是시邪야아曰왈
吾오太태公공이望망子ᄌᆞㅣ久구矣의라故
고로號호曰왈太태公공望망이라ᄒᆞ야載재與여
俱구歸귀ᄒᆞ야立닙爲위師ᄉᆞᄒᆞ고謂위之지師ᄉᆞ

尙샹交보헌다라

녀샹이이시니동냐바ᄃᆞ、웃사ᄅᆞᆷ이랑궁곤

ᄒᆞ고나히늘거고기잡고락시질ᄒᆞ야쥬와

니ᄅᆞ러뎌니뎌빅이장ᄎᆞᆺ산영ᄒᆞᆯ졔겸복ᄒᆞᆫ

여ᄀᆞᆯ오ᄃᆡ룡도아니며리도아니며곰도아

니며비도아니며범도아니며피도아니오

어돔바ᄂᆞᆫ퓌ᄒᆞ며왕ᄒᆞᆯ뒤도오리라ᄒᆞ더니

과연녀샹을위슈남녁킈만나더부러말ᄒᆞ

시고크게깃거ᄀᆞᆯᄋᆞ샤ᄃᆡ우리션군ᄐᆡ공적

으로부터ᄀᆞᆯᄋᆞ샤ᄃᆡ맛당히셩인이이셔쥬

의오면쥬ㅣ인ᄒᆞ야배니러나리라ᄒᆞ시니
그ᄃᆡ진짓이냐ᄀᆞᆯᄋᆞ샤ᄃᆡ우리ᄐᆡ공이그ᄃᆡ
ᄅᆞᆯᄇᆞ란ᄃᆡ오란ᄃᆡ라그런고로일홈을ᄀᆞᆯ오
ᄃᆡᄐᆡ공망이라ᄒᆞ야시러더브러ᄒᆞᆷ게도라
와셰위스승을삼고일ᄋᆞᄃᆡᄉᆞ샹보라ᄒᆞ다
西셔伯ᄇᆡᆨ이卒졸ᄒᆞ거ᄂᆞᆯ子不發발이立닙ᄒᆞ시니是시
爲위武무王왕이라率솔修슈西셔伯ᄇᆡᆨ緖셔業
입ᄒᆞ시니十십三삼年년에諸졔侯후ㅣ不블期
긔而이會회者쟈ㅣ八팔百ᄇᆡᆨ이皆ᄀᆡ日왈紂
듀ㅣ可가伐벌矣의라ᄒᆞ야ᄂᆞᆯ王왕이不블可가라

ᄒᆞ고 引인歸귀려니 紂쥬ㅣ 不블悛젼ᄒᆞ야ᄂᆞᆯ 王왕이
乃내伐벌之지ᄒᆞ시다
셔ᄇᆡᆨ이 주거시ᄂᆞᆯ 아ᄃᆞᆯ 발이 셔시니 이 무왕
이라 셔ᄇᆡᆨ의 기친 업을 거ᄂᆞ려 닷그시니 열
세 ᄒᆡᆺ만의 졔후ㅣ 긔약디 아녀 셔모드니 팔
ᄇᆡᆨ이 다 ᄀᆞᆯ오ᄃᆡ 듀ᄂᆞᆫ 가히 칠 거시라 ᄒᆞ야ᄂᆞᆯ
왕이 가치 아니타 ᄒᆞ시고 혀도라 보ᄂᆡ엿더
니 듀ㅣ 고치지 아니커ᄂᆞᆯ 왕이 이에 치시다
伯ᄇᆡᆨ夷이 叔슉齊졔ㅣ 叩고馬마而이諫간ᄒᆞᆫ대
左좌右우ㅣ 欲욕兵병之지어ᄂᆞᆯ 太태公공이 曰

왈義의人인也야ㅣ라ᄒᆞ고扶부而이去거之지ᄒᆞᆫ대
빅이과슉졔몰롤잇글고간ᄒᆞ듸좌위주기
고져ᄒᆞ거ᄂᆞᆯ틔공이ᄀᆞᆯ오ᄃᆡ올ᄒᆞᆫ사ᄅᆞᆷ이라
ᄒᆞ고붓드러보니다
王왕이既긔滅멸殷은ᄒᆞ시고為위天텬子ᄌᆞㅣ샤
追츄尊존古고公공ᄒᆞ야為위太틔王왕ᄒᆞ고公공
季계로為위王왕季계ᄒᆞ고西셔伯빅으로為위文
문王왕ᄒᆞ시고火화德덕으로王왕ᄒᆞ고以이子ᄌᆞ月
월로為위歲셰首슈ᄒᆞ시다
왕이임의은을멸ᄒᆞ시고텬ᄌᆞㅣ되샤고공

을미조ᄎᆞ노펴ᄐᆡ왕을삼고공게로왕게롤
삼고셔ᄇᆡᆨ으로문왕을삼으시고불덕으로
님금되고쥐달로벼ᄒᆡᆺ머리롤삼오시다—
天텬下하ㅣ宗종周쥬而이伯ᄇᆡᆨ夷이叔슉齊
뎨ㅣ恥치ᄒᆞ야義의不블食식周쥬粟속이라ᄒᆞ고隱
은於어首슈陽양山산ᄒᆞ야作작歌가曰왈登등
彼피西셔山산兮혜여采ᄎᆡ其기薇미矣의로다
以이暴포易역暴포兮혜여不블知디其기非
비矣의로다神신農롱虞우夏하ㅣ忽홀焉인沒
몰兮혜ᄒᆞ니我아安안適뎍歸귀矣의리오于우嗟

ᄎᆞ祖조芳혜여命명之지衰쇠矣의로다ᄒᆞ고遂슈
餓아而이死ᄉᆞᄒᆞ다
텬하ㅣ쥬롤ᄆᆞᄅᆞ삼거ᄂᆞᆯᄇᆡᆨ이슉졔븟그
려의로쥬ᄉᆞᆺ나라곡식을먹디아닐거시라ᄒᆞ
고슈양산의숨어노리지어골오ᄃᆡ뎌셔산
의올으미여그고ᄉᆞ리롤ᄏᆡ놋다모질기로
ᄡᅥ모딜기롤밧고미여그그론줄을아지못
ᄒᆞ리로다신롱과우과하ㅣ문득주그미여
ᄂᆡ어드로가도라오리오슬푸다쥭으미여
목숨이쇠ᄒᆞ리로다ᄒᆞ고드듸여굴머죽다

武무王왕이 崩붕커시늘 太태子ᄌᆞ誦송이 立닙ᄒᆞ니 是시爲위成셩王왕이라 成셩王왕이 幼유ᄒᆞ시니 周쥬公공이 位위冢통宰지ᄒᆞ야 攝셥政졍이러시니 管관叔슉蔡채叔슉이 流뉴言언曰왈公공將쟝不블利니於어孺유子ᄌᆞㅣ라ᄒᆞ고 與여武무庚경으로 作작亂난ᄒᆞ니 武무庚경者쟈는 武무王왕所소立닙紂듀의 子ᄌᆞ祿록父보ㅣ 爲위殷은後후者쟈也야ㅣ라 周쥬公공이 東동征졍ᄒᆞ야 誅듀武무庚경管관叔슉ᄒᆞ고 放방蔡채叔슉ᄒᆞ시다 王왕이 長당커시늘 周쥬公공이 歸귀政뎡

ᄒᆞ시다
무왕이주거시ᄂᆞᆯ티ᄌᆞ숑이셔니이셩왕이
라셩왕이어리시니쥬공이통저벼슬ᄒᆞ야
졍ᄉᆞᄅᆞᆯ자ᄇᆞ시니관슉과치슉이거즛말
ᄒᆞ야ᄀᆞᆯ오ᄃᆡ공이쟝ᄎᆞᆺ아희게니티아니리
라ᄒᆞ고무경으로더브러난을지으니무경
은무왕의셰오신바듀의아ᄃᆞᆯ록보ㅣ운후
ㅣ되연ᄂᆞᆫ이라쥬공이동으로치샤무경과
관슉을버히시고치슉을내티시니다왕이
ᄌᆞ라거시ᄂᆞᆯ쥬공이졍ᄉᆞᄅᆞᆯ도라보내시다

初초에 武무王왕이 作작鎬호京경ᄒᆞ시고 謂위之지宗종周쥬ㅣ라ᄒᆞ니 是시爲위西셔都도ㅣ라 將장營영洛낙邑읍기라가 未미果과ㅣ려시니 王왕이 欲욕如여武무王왕之지志지어시ᄂᆞᆯ 召쇼公공이 遂슈相샹宅틱ᄒᆞ고 周쥬公공이 至지洛낙ᄒᆞ야 營영王왕城셩ᄒᆞ니 是시爲위東동都도ㅣ라 以이洛낙이 爲위天텬下하中듕이니 四ᄉᆞ方방入입貢공道도里리均균也야ㅣ라ᄒᆞ야 王왕이 居거西셔都도而이朝됴會회諸졔侯후於어東동都도ᄒᆞ시

처음의무왕이호경을지으시고니로뒤종

쥬ㅣ라ᄒᆞ니이셔도ㅣ라쟝ᄎᆞᆺ낙읍을짓고

져ᄒᆞ다가과연티못ᄒᆞ엿더시니왕이무왕

의侯ᄆᆞ티ᄒᆞ고져ᄒᆞ거시놀쇼공이드듸여

터흘보고쥬공이낙의니ᄅᆞ샤왕셩을ᄇᆞᆺ니

이동도ㅣ라ᄡᅥ낙이텬하가온뒤니ᄉᆞ방공

드리ᄂᆞᆫ길히고ᄅᆞᄃᆞᄒᆞ야왕이셔도의겨시

고졔후롤동도의됴회바ᄃᆞ시다

周쥬公공召쇼公공이相샹成셩王왕ᄒᆞ야爲위

左좌右우ᄒᆞ시自ᄌᆞ陝셥以이西셔ᄂᆞᆫ召쇼公

공이主쥬之지ᄒᆞ시고自ᄌᆞ陝셥以이東동은周

쥬公공이主쥬之지ᄒᆞ시다

쥬공과쇼공이셩왕을도와좌우ㅣ되시니

셥으로브터배셔녁흔쇼공이ᄆᆞ음아ᄅᆞ시

고셥으로브터배동녁흔쥬공이ᄆᆞ음아ᄅᆞ

시다

交교趾지南남애有유越월裳샹氏시ㅣ重듕

三삼譯역而이來리ᄒᆞ야獻헌白ᄇᆡᆨ雉치曰왈吾

오ㅣ受슈命명國국之지黃황耈구ᄒᆞ니天텬無

무烈녈風풍淫음雨우ᄒᆞ고海ᄒᆡ不블揚양波파

ㅣ三삼年년矣의니意의者쟈ㅣ컨中듕國국에有유聖셩人인乎호ㅣ신뎌야놀周쥬公공이歸귀之지王왕ᄒᆞ시고薦쳔于우宗종廟묘ᄒᆞ시다使시ㅣ者쟈ㅣ迷미歸귀路로ㅣ어ᄂᆞᆯ周쥬公공이錫셕以이軿병車거五오乘승ᄒᆞ시니皆기為위指지南남之지制뎨려라使시者쟈ㅣ載지之지ᄒᆞ야由유扶부南남林림邑읍海ᄒᆡ際졔ᄒᆞ야朞긔年년而이至지國국ᄒᆞ니故고로指지南남車거常샹為위先션導도ᄒᆞ야示시服복遠원人인而이正뎡四ᄉᆞ方방ᄒᆞ니라

교지남녁긔월샹시이셔예나라말을다시
비화와흰꿩을드려골오듸내명을나라놀
은늘근의게밧ᄌᆞ오니하ᄂᆞᆯ의모진ᄇᆞ롬과
음일ᄒᆞᆫ비업고바다희물결이베프디아년
디세히너ᄇᆡᆺᄒᆞᆫ건뒤듕국에셩인이겨신뎌
ᄒᆞ야ᄂᆞᆯ쥬공이왕ᄭᅴ도라보니시고종묘의
쳔신ᄒᆞ시다시쟈ㅣ도라갈길흘아득ᄒᆞ야
ᄒᆞ거ᄂᆞᆯ쥬공이병거를ᄃᆞᆺ승으로배쥬시
니다남을마라치는졔되러라시쟈ㅣ시러
부남과님읍바ᄃᆞ마올말미아마ᄒᆞᆫ히만의

나라희니루니그런고로남을마루치는수리샹히먼져인도ᄒᆞ야먼뎌사ᄅᆞᆷ을항복밧고ᄉᆞ방졍ᄒᆞᆷ을뵈이다

成셩王왕이崩붕ᄒᆞ거시子ᄌᆞ康강王왕釗쇼ㅣ立닙ᄒᆞ야成셩康강之지際졔예天텬下하ㅣ安안寧녕ᄒᆞ야刑형錯조ᄒᆞ야四ᄉᆞ十십餘여年년을不불用용ᄒᆞ다康강王왕이崩붕ᄒᆞ거시子ᄌᆞ昭쇼王왕瑕하ㅣ立닙ᄒᆞ다昭쇼王왕이南남巡슌狩슈ᄒᆞ야至지楚초ᄒᆞ니어以이膠교舟듀로載ᄌᆡ之지ᄒᆞ야溺닉ᄒᆞ야不불返반ᄒᆞ시

셩왕이주거시ᄂᆞᆯ아ᄃᆞᆯ강왕쇼ㅣ셔시다셩
강ᄣᅢ예텬하ㅣ평안ᄒᆞ니형벌을ᄇᆞ려마ᅀᆞᆫ나
ᄆᆞᆫᄒᆡᄅᆞᆯᄡᅳ디아니ᄒᆞ다강왕이주거시ᄂᆞᆯ아
ᄃᆞᆯ쇼왕하ㅣ셔다쇼왕이남으로슌슈ᄒᆞ야
초의니ᄅᆞ거ᄂᆞᆯ갓플비로ᄇᆡ시ᄅᆞ니ᄲᅡ지고
도라오디못ᄒᆞ시다
子ᄌᆞ穆목王왕滿만이立닙ᄒᆞ다有유造조父보
者쟈ㅣ以이善션御어로幸ᄒᆡᆼ於어王왕ᄒᆞ야得
득八팔駿쥰馬마ᄒᆞ야游유行ᄒᆡᆼᄒᆞ니天텬下하의
將쟝皆ᄀᆡ有유車거轍텰馬마跡뎍이러라王왕

이西셔巡슌ᄒᆞ야樂락而이忘망返반ᄒᆞ니徐셔子ᄌᆞㅣ乘승時시作작亂난ᄂᆞᆯ이어造조父보ㅣ御어王왕長댱驅구歸귀ᄒᆞ야救구亂난ᄒᆞ고命명楚초ᄒᆞ야討토徐셔誅쥬之지ᄒᆞ다

아ᄃᆞᆯ목왕만이셔다조보ㅣ이셔어거잘ᄒᆞᆷ으로ᄡᅥ왕ᄭᅴ고여여ᄃᆞᆲ됴ᄒᆞᆫᄆᆞᆯ을어더노라ᄃᆞᆫ이니텬하의쟝ᄎᆞᆺ다수ᄅᆡ자최과ᄆᆞᆯ자최이실러라왕이셔로슌슈ᄒᆞ야즐기고도라옴을니ᄌᆞ니셔ᄌᆞㅣᄣᅢ를ᄐᆞ난을짓거ᄂᆞᆯ조보ㅣ왕을어거ᄒᆞ야기리모라도라와난을

구완ᄒᆞ고戎나라ᄒᆞᆯ시겨여믈텨버히다

王왕이將쟝征졍犬견戎융이어시ᄂᆞᆯ祭ᄎᆡ公공謀

모父보ㅣ諫간曰왈先션王왕은耀요德덕이오

不블觀관兵병이니이다王왕이不블聽텽ᄒᆞ고征졍

之지ᄒᆞ야得득四ᄉᆞ白ᄇᆡᆨ狼낭四ᄉᆞ白ᄇᆡᆨ鹿녹以

이歸귀ᄒᆞ니自ᄌᆞ是시로荒황服복이不블至지

ᄒᆞ고諸졔侯후ㅣ不블睦목ᄒᆞ더라

왕이쟝ᄎᆞ견융을티려ᄒᆞ거시ᄂᆞᆯᄎᆡ공모보

ㅣ간ᄒᆞ야ᄀᆞᆯ오ᄃᆡ몬져님금은덕만빗니고

병을뵈디아니ᄒᆞ니이다왕이듯디아니ᄒᆞ

고텨네흰숑냥이과네흰ᄉᆞᆷ을어더ᄲᅧ도
과오니일노부터면황복이니르디아니ᄒᆞ
고졔후ㅣ화목디아니ᄒᆞ더라
穆목王왕이崩붕ᄒᆞ거늘子ᄌᆞ共공王왕繄이扈호
ㅣ立닙ᄒᆞ다崩붕ᄒᆞ거늘子ᄌᆞ懿의王왕艱간이立닙
ᄒᆞ다崩붕ᄒᆞ거늘弟뎨孝효王왕辟벽方방이立닙ᄒᆞ다
崩붕ᄒᆞ거늘子ᄌᆞ夷이王왕燮셥이立닙ᄒᆞ야下하堂
당而이見견諸졔侯후ᄒᆞ니楚초ㅣ始시僭참稱
칭王왕ᄒᆞ다
목왕이죽거놀아ᄃᆞᆯ공왕이호ᄃᆡ셔다죽거

놈아돌의왕간이셔다죽거놈아ᄋᆞ효왕벽방이셔다죽거놈아돌이왕셥이셔셔당의ᄂᆞ려졔후ᄅᆞᆯ보니초ㅣ비로소ᄎᆞᆷ남이왕이로라일ᄏᆞᆺ다

夷이王왕이崩붕ᄒᆞ거ᄂᆞᆯ子ᄌᆞ厲녀王왕胡호ㅣ立닙ᄒᆞ야無무道도ᄒᆞ야暴포虐학侈치傲오ᄒᆞ더라得득衛위巫무ᄒᆞ야使ᄉᆞ監감國국人인之지謗방者쟈ᄒᆞ야以이告고則즉殺살之지ᄒᆞ니道도路로ㅣ以이目목ᄒᆞ더라王왕이喜희曰왈吾오ㅣ能능弭이謗방矣의라ᄒᆞ야ᄂᆞᆯ或혹이曰왈ᄃᆡ是시ᄂᆞᆫ障장

也야라 防방民민之지口구ㅣ甚심於어防방

川쳔ᄒᆞ니 水슈壅옹而이潰궤면 傷샹人인이必

필多다ㅣ니이다호ᄃᆡ 王왕이 不불聽텽ᄂᆞ이러니 於어是

시예 國국人인이 相샹與여畔반이ᄂᆞᆯ어 王왕이

出츌奔분彘톄ᄒᆞ고 二이相샹周쥬召쇼ㅣ共공

理니國국之지事ᄉᆞᄒᆞ니 號호曰왈共공和화者쟈ㅣ라

十십四ᄉᆞ年년而이王왕이 崩붕于우彘톄어ᄂᆞᆯ

子ᄌᆞ宣션王왕靖졍이 立립ᄒᆞ야 任임賢현使ᄉᆞ

能능ᄒᆞ고 有유召쇼穆목公공方방叔슉尹윤吉

길甫보仲듕山산甫보等등이 爲위政졍於어

內ᄂᆡ外외ᄒᆞ야王왕化화ㅣ復부行ᄒᆡᆼᄒᆞ야周쥬室실이中듕興흥焉언라ᄒᆞ니

이왕이죽거ᄂᆞᆯ아ᄃᆞᆯ녀왕호ㅣ셔셔도ㅣ업서모질고샤치ᄒᆞ고오만ᄒᆞ더라위무당을어더ᄒᆞ여곰나라사ᄅᆞᆷ ᄌᆞ덧ᄂᆞᆫ이ᄅᆞᆯ보와ᄇᆞ고ᄒᆞ면죽기니길히눈으로ᄇᆞᄒᆞ더라왕이깃거ᄀᆞᆯ오ᄃᆡᄂᆡ능히ᄌᆞ딧기ᄅᆞᆯ그치과래ᄒᆞ야ᄂᆞᆯ흑이ᄀᆞᆯ오ᄃᆡ이ᄂᆞᆫ마그미라ᄇᆡᆨ셩의입마그미ᄀᆡᆺ믈막기예셔심ᄒᆞ니믈이막켯다가허여지면샤ᄅᆞᆷ샹ᄒᆞ미반ᄃᆞ시만ᄒᆞ리이

다ᄒᆞᆫ뒤왕이듯디아니ᄒᆞ더니이에나라ᄉᆞ
룸이서로더브러반ᄒᆞ거ᄂᆞᆯ왕이쳬로ᄃᆞ라
나고두경승쥬공과쇼공ᄌᆞ투니ᄒᆞᆫ가지로
나라일을ᄃᆞᄉᆞᆯ리니일홈ᄒᆞ야ᄀᆞ로ᄃᆡᄒᆞᆫ가
지로화홈이라열네힛만의왕이쳬에셔죽
거ᄂᆞᆯ아ᄃᆞᆯ션왕졍이셔셔어디니ᄅᆞᆯ맛기며
능ᄒᆞ니ᄅᆞᆯ부리고쇼목공과방슉과윤길보
과듕산보등이이셔경ᄉᆞᄅᆞᆯ안과밧긔셔ᄒᆞ
디님금의덕홰다시힝ᄒᆞ야쥿나라히가온
되와니러나니라

崩붕ᄒᆞ거시ᄂᆞᆯ 子ᄌᆞ 幽유王왕宮궁涅날이立닙ᄒᆞ다
初초에 夏하后후之지世셰예 有유二이龍룡
이降강于우庭뎡曰왈予여ᄂᆞᆫ褒포之지二이
君군이라ᄒᆞ야ᄂᆞᆯ 卜복藏장其기漦리ᄒᆞ야歷녁夏하
殷은莫막敢감發발이러니 周쥬人인이發발之
지ᄒᆞ니漦리化화爲위黿원이어ᄂᆞᆯ 童동女녀ㅣ遇
우之지而이孕잉ᄒᆞ야生싱女녀棄기之지ᄒᆞ다宣
션王왕時시예 有유童동謠요曰왈檿염弧호
箕긔服복이實실亡망周쥬國국이라ᄒᆞ더니 適뎍
有유鬻륙是시器긔者쟈ㅣ어ᄂᆞᆯ 宣션王왕이使

小소人인執집之지ᄒᆞ대 신 其기人인이 逃도가ㅣ라
於어道도에見견棄기女녀ᄒᆞ고 哀의其기夜야
號호而이收슈之지ᄒᆞ야 逸일於어褒포ᄒᆞ다 至지
是시ᄒᆞ야 褒포人인이 有유罪죄ᄒᆞ야 入입是시女
녀於어王왕ᄒᆞ니 是시爲위褒포姒ᄉᆞ라 王왕이
嬖폐之지라ᄒᆞ더
죽거시놀아됴유왕궁날이셔다ᄎᆔ음의하
후셰예두룡이이셔들히ᄂᆞ려ᄀᆞᆯ오디나는
포두님금이로라ᄒᆞ야놀그춤을겸복ᄒᆞ야
갈마하와은을디나되감히발ᄒᆞ리업더니

즛사ᄅᆞᆷ이발ᄒᆞ니춤이화ᄒᆞ야쟈ᄅᆡ되엿거
놀아ᄒᆡ계집이만나고ᄌᆞ식비여ᄃᆞᆯ을나하
ᄇᆡ리다션왕ᄯᅴ예아ᄒᆡ노ᄅᆡ이셔ᄀᆞᆯ오ᄃᆡᄲᅩᆼ
나모활과ᄃᆡ살이실로즛나라흘망ᄒᆞ리라
ᄒᆞ더니마ᄎᆞᆷ이그릇ᄉᆞᆯ팔리잇거놀션왕이
사ᄅᆞᆷ으로ᄒᆞ여곰잡으신ᄃᆡ그사ᄅᆞᆷ이ᄃᆞ라
나ᄃᆞ가길히ᄇᆞᆯ인겨집을보고그밤의우ᄅᆞᆷ
을슬피너겨거ᄃᆞ어포의ᄀᆞ초다이에니ᄅᆞ
러폿사ᄅᆞᆷ이죄이셔이계집을왕ᄭᅴ드리니
이포ᄉᆞ ㅣ라왕이ᄉᆞ랑ᄒᆞ더라

褒포姒ᄉᆞㅣ不블好호笑쇼ㅣ어ᄂᆞᆯ 王왕이 欲욕其기笑쇼萬만方방ᄒᆞᄃᆡ 故고不블笑쇼ᄒᆞ더라 王왕이 與여諸졔侯후로 約약ᄒᆞᄃᆡ 有유寇구至지則즉擧거烽봉火화ᄒᆞ야 召쇼其기兵병ᄒᆞ리니 來ᄅᆡ援완ᄒᆞ라ᄒᆞ고 乃내無무故고擧거火화ᄒᆞᆫᄃᆡ 諸졔侯후ㅣ悉실至지而이無무寇구ᄒᆞ니 褒포姒ᄉᆞㅣ大ᄃᆡ笑쇼ᄒᆞ더라 王왕이 乃내廢폐申신后후及급太ᄐᆡ子ᄌᆞ宜의臼구ᄒᆞ고 以이褒포姒ᄉᆞ爲위后후ᄒᆞ고 其기子ᄌᆞ伯ᄇᆡᆨ服복으로爲위太ᄐᆡ子ᄌᆞᄒᆞ다 宜의臼구ㅣ奔분申신이어ᄂᆞᆯ 王왕이 求구

殺살之지不블得득ᄒᆞ야伐벌申신ᄒᆞ던申신侯후
ㅣ감쇼犬견戎융ᄒᆞ야寇구宗종周쥬ᄒᆞ니어王왕
이擧거烽봉火화ᄒᆞ야徵딩兵병ᄒᆞ되不블至지ᄒᆞ니
犬견戎융이弑시王왕驪녀山산下하ᄒᆞ야
포ᄉᆞㅣ웃기를됴히너기디아니ᄒᆞ거놀왕
이그웃과ᄌᆞᄒᆞ기를온가지로호되부러웃
디아니ᄒᆞ더라왕이졔후로더브러언약ᄒᆞ
되도적이이셔나라거든봉화을드러그병
을부르리니와구완ᄒᆞ라ᄒᆞ고이에연고업
시불을드러졔후ㅣ다니르고도적이업소

ᄂᆡ 포ᄉᆞㅣ 크게 웃더라 왕이 이에 신후과 밋

ᄐᆡᄌᆞ의 구ᄅᆞᆯ 폐ᄒᆞ고 포ᄉᆞ로 배후ᄅᆞᆯ 삼고 그

아ᄃᆞᆯ ᄇᆡᆨ복으로 ᄐᆡᄌᆞᄅᆞᆯ 삼ᄃᆞ 의구ㅣ 신으로

ᄃᆞᄅᆞ나거ᄂᆞᆯ 왕이 구ᄒᆞ야 죽기고 져호ᄃᆡ 엇

디 못ᄒᆞ야 신을 친ᄃᆡ 신후ㅣ 견융을 블너 종

쥬의 도젹딜ᄒᆞ거ᄂᆞᆯ 왕이 봉화ᄅᆞᆯ 드러 병을

부로되 니ᄅᆞ디 아니ᄒᆞ니 견융이 왕을 녀산

아ᄅᆡ가 주기다

諸졔侯후ㅣ 立닙宜의臼구ᄒᆞ니 是시爲위平평

王왕이라 이 ᄯᅢ이 西셔都도ㅣ 逼핍於어戎융이라ᄒᆞ야

徒ᄉᆞ居거東동都도王왕城셩ᄒᆞᆫ時시예周쥬
室실이衰쇠微미ᄒᆞ야諸졔侯후ㅣ强강幷병弱
약ᄒᆞ야齊졔楚초秦진晉딘이始시大되ᄒᆞ다平평
王왕之지四ᄉᆞ十십九구年년은即즉魯노隱
은公공之지元원年년이라其기後후에孔공子
ᄌᆞㅣ修슈春츈秋츄始시此ᄎᆞᄒᆞ다시

졔후ㅣ의구를셰우니이평왕이라ᄇᆡ셔도
ㅣ융의갓갑두ᄒᆞ야옮마동도왕셩의거ᄒᆞ
다ᄯᅢ에줏나라히쇠미ᄒᆞ야졔후ㅣ강ᄒᆞ니
약ᄒᆞᆫ니를아오로니졔와초과진과딘이비

로소 그ᄃᆡ 평왕의 마운 아흡히 ᄂᆞᆫ 곳노은 공
첫히라 그후에 공ᄌᆞㅣ 춘추 닷기를 이에 비
로ᄉᆞ시다

平평王왕이 崩붕커ᄂᆞᆯ 太태子ᄌᆞ之지子ᄌᆞ桓환
王왕林님이 立닙ᄒᆞ다 崩붕커ᄂᆞᆯ 子ᄌᆞ莊장王왕佗
티立닙ᄒᆞ다 崩붕커ᄂᆞᆯ 子ᄌᆞ釐희王왕胡호齊졔立
닙ᄒᆞ다 齊졔桓환公공이 始시霸ᄑᆡᄒᆞ다 釐희王왕
이 崩붕커ᄂᆞᆯ 子ᄌᆞ惠혜王왕閬낭이 立닙ᄒᆞ다 崩붕
커ᄂᆞᆯ 子ᄌᆞ襄양王왕鄭뎡이 立닙ᄒᆞ다 晉딘文문公
공이 始시霸ᄑᆡᄒᆞ다 襄양王왕이 崩붕커ᄂᆞᆯ 子ᄌᆞ頃

경王왕壬임臣신이立닙ᄒᆞ다崩붕ᄒᆞ거ᄂᆞᆯ子ᄌᆞ匡광
王왕班반이立닙ᄒᆞ다崩붕ᄒᆞ거ᄂᆞᆯ弟뎨定뎡王왕瑜
유ㅣ立닙ᄒᆞ니楚초莊장王왕이使ᄉᆞ人인으로問
문鼎졍輕경重듕이어ᄂᆞᆯ王왕孫손滿만이卻각
之지ᄒᆞ다
평왕이주거ᄂᆞᆯ태ᄌᆞ의아ᄃᆞᆯ환왕님이셔다
죽거ᄂᆞᆯ아ᄃᆞᆯ장왕타셔다죽거ᄂᆞᆯ아ᄃᆞᆯ희왕
호졔셔니졔환공이비로소읏듬되다희왕
이죽거ᄂᆞᆯ아ᄃᆞᆯ혜왕낭이셔다죽거ᄂᆞᆯ아ᄃᆞᆯ
양왕뎡이셔다딘문공이비로소읏듬되다

양왕이 주거늘 아ᄃᆞᆯ 경왕 임신이 셔다 주거
늘 아ᄃᆞᆯ 광왕 반이 셔다 주거늘 아ᄋᆞ 뎡왕 유
ㅣ셔니 초장왕이 사ᄅᆞᆷ으로ᄒᆞ여 곰소티 가
비야오며 무거옴을 묻거늘 왕소만이 믈리
티다
定뎡王왕이 崩붕ᄒᆞ거늘 子ᄌᆞ 簡간王왕 夷이ㅣ 立
닙ᄒᆞ니 吳오ㅣ 始시 僭참稱칭王왕ᄒᆞ다 簡간王왕이
崩붕ᄒᆞ거ᄂᆞᆯ 子ᄌᆞ 靈녕王왕 泄셜心심이 立닙ᄒᆞ다 孔
공子ᄌᆞㅣ 生ᄉᆡᆼ於어其기時시ᄒᆞ다 靈령王왕이
崩붕ᄒᆞ거ᄂᆞᆯ 子ᄌᆞ 景경王왕 貴귀ㅣ 立닙ᄒᆞ다 崩붕ᄒᆞ거ᄂᆞᆯ

子ᄌᆞ悼도王왕孟ᄆᆡᆼ이立닙ᄒᆞ니庶셔弟뎨子ᄌᆞ
朝됴ㅣ弑시之지어ᄂᆞᆯ晋딘人인이討토子ᄌᆞ朝
됴而이立닙敬경王왕丏면ᄒᆞ다孔공子ᄌᆞㅣ卒
졸于우其긔時시ᄒᆞ시다

뎡왕이죽거ᄂᆞᆯ아ᄃᆞᆯ간왕이셔니오ㅣ비로
소츰남이왕이로라일ᄏᆞᆮᄃᆞ간왕이죽거ᄂᆞᆯ
아ᄃᆞᆯ녕왕셜심이셔ᄃᆞ공ᄌᆞㅣ그ᄢᅴ예나시
다녕왕이죽거ᄂᆞᆯ아ᄃᆞᆯ경왕귀셔다죽거ᄂᆞᆯ
아ᄃᆞᆯ도왕밍이셔니열아ᄋᆞᄌᆞ됴ㅣ주기거
ᄂᆞᆯ딘사ᄅᆞᆷ이ᄌᆞ됴ᄅᆞᆯ티고경왕면을셰우다

공ᄌᆞㅣ그何예주그시다

敬경王왕이崩붕커ᄂᆞᆯ子ᄌᆞ元원王왕仁인이立닙ᄒᆞ다崩붕커ᄂᆞᆯ子ᄌᆞ貞뎡定뎡王왕介개立닙ᄒᆞ다崩붕커ᄂᆞᆯ子ᄌᆞ哀ᄋᆡ王왕去거疾질이立닙ᄒᆞ니弟뎨思ᄉᆞ王왕叔숙帶ᄃᆡ襲습弑시之지而이自ᄌᆞ立닙이어ᄂᆞᆯ少쇼弟뎨考고王왕嵬외ㅣ又우攻공殺살思ᄉᆞ王왕而이自ᄌᆞ立닙ᄒᆞ다

경왕이주거ᄂᆞᆯ아ᄃᆞᆯ원왕인이셔다주거ᄂᆞᆯ아ᄃᆞᆯ뎡뎡왕미셔다주거ᄂᆞᆯ아ᄃᆞᆯᄋᆡ왕거질이셔다아ᄋᆞ、ᄉᆞ왕숙ᄃᆡᄇᆞᆺ주기고스스로셔

거ᄂᆞᆯ자근아ᄋᆞ고왕외ᄯᅩᄉᆞ왕을텨주기고
스스로셔다
崩붕ᄒᆞ거ᄂᆞᆯ子ᄌᆞ威위烈녈王왕午오ㅣ立닙ᄒᆞ니晋
딘趙됴氏시魏위氏시韓한氏시始시侯후ᄒᆞ다
周쥬ㅣ自ᄌᆞ東동遷쳔以이來리로及급是시
二이十십世셰而이愈유微미ᄒᆞ야諸졔侯후ㅣ
用용兵병爭징強강ᄒᆞ니號호爲위戰젼國국이라
其기後후에司ᄉᆞ馬마氏시作작資ᄌᆞ治치通
통鑑감ᄒᆞ고朱쥬子ᄌᆞㅣ修슈綱강目목始시此
ᄎᆞᄒᆞ다 시

주거ᄂᆞᆯ아ᄃᆞᆯ위녈왕오ㅣ셔니딘됴시과위
시과한시비로소졔후ㅣ되다쥬ㅣ동으로
올므모로브터벼옴으로이스무뒤예미쳐
더옥쇠미ᄒᆞ야졔후ㅣ병을벼강을ᄃᆞ토니
일홈이젼국이라그후에ᄉᆞ마시ᄌᆞ티통감
을밍글고쥬ᄌᆞㅣ강목닷기를이에비로소
시다

威위烈녈王왕이崩붕ᄒᆞ거ᄂᆞᆯ子ᄌᆞ安안王왕驕교
ㅣ立닙ᄒᆞ니齊졔田뎐氏시始시侯후ᄒᆞ다安안王
왕이崩붕ᄒᆞ거ᄂᆞᆯ子ᄌᆞ烈녈王왕喜희ㅣ立닙ᄒᆞ다崩

붕ᄒᆞ거ᄂᆞᆯ弟뎨顓현王왕扁편이立닙ᄒᆞ니諸졔侯후ㅣ皆기僭ᄎᆞᆷ稱칭王왕ᄒᆞ다顓현王왕이崩붕ᄒᆞ거ᄂᆞᆯ子ᄌᆞ愼신靚졍王왕定뎡이立닙ᄒᆞ다崩붕ᄒᆞ거ᄂᆞᆯ子ᄌᆞ赧난王왕延연이立닙ᄒᆞ야五오十십九구年년에與여諸졔侯후로約약從죵攻공秦진ᄒᆞ더니秦진昭쇼王왕이攻공周쥬ᄒᆞᆫ대 어 赧난王왕이入입秦진ᄒᆞ야頓돈首슈受슈罪죄ᄒᆞ고盡진獻헌其기邑읍ᄒᆞ니秦진이受슈獻헌而이歸귀赧난王왕於어周쥬以이卒졸ᄒᆞ니周쥬ㅣ爲위天텬子ᄌᆞㅣ三삼十십七칠世셰니凡범八팔百빅

六뉵十십七칠年년이러라

위녈왕이주거ᄂᆞᆯ아ᄃᆞᆯ안왕교ㅣ셔니졔뎐
시비로소졔후ㅣ되다안왕이주거ᄂᆞᆯ아ᄃᆞᆯ
녈왕희셔다주거ᄂᆞᆯ아ᄋᆞ현왕편이셔니제
후ㅣ다ᄎᆞᆷ남이왕이로라일ᄏᆞᆺ다현왕이죽
거ᄂᆞᆯ아ᄃᆞᆯ신뎡왕뎡이셔다주거ᄂᆞᆯ아ᄃᆞᆯ난
왕연이셔셔쉰아홉ᄒᆡ만의졔후로더브러약
죰ᄒᆞ야진을친듸진쇼왕이쥬ᄅᆞᆯ치거ᄂᆞᆯ난
왕이진의드러가머리ᄅᆞᆯ조와죄ᄅᆞᆯ밧고그
고을ᄅᆞᆯ다드리니진이드리ᄂᆞ거ᄉᆞᆯ밧고난

왕을쥬에도라보니여배죽다쥬ㅣ텬ᄌᆞㅣ되연지셜흔닐곱ᄃᆡ니므릇팔ᄇᆡᆨ예슌닐곱ᄒᆡ러라

春츈秋츄戰젼國국

周쥬平평王왕以이後후ㅣ爲위春츈秋츄之지世셰ㅣ니ᄒᆞ其기列녈國국이與여周쥬同동姓셩者쟈ᄂᆞᆫ曰왈魯노曰왈衛위曰왈晋딘曰왈鄭뎡曰왈曹조曰왈蔡채曰왈燕연曰왈吳오외其기與여周쥬異이姓셩者쟈ᄂᆞᆫ曰왈齊졔曰왈宋송曰왈陳딘曰왈楚초

曰왈秦진나이此ᄎᆞ其기大대者쟈ㅣ餘여小
쥬國국이若약春츈秋츄所소書셔杞긔許
허滕등薛셜邾듀莒게江강黃황之지屬쇽
은不불可가盡진述슐이로다
쥬평왕으로ᄇᆡ터후ㅣ츈츄ㅣ되니그ᄣᆡ랏
논나라희쥬로더브러셩이마두니논골
온위과골온진과골온뎡과골온조과골
온치과골온연과골온오ㅣ오그쥬로더
브러셩이다론이논골온졔과골온송과
골온틴과골온초과골온진이니이그크

니오나믄자근나라히츈추쁜바긔과허
과등과셜과듀과게과강과황무리ᄆᆞᄐᆞ
니ᄂᆞᆫ가히다뎐슐치못ᄒᆞ리로다
於어十십二이列렬國국之지中듕에有유
齊졔桓환公공宋송襄양公공晉딘文문公
공秦진穆목公공楚초莊장王왕이五오霸
픽事ᄉᆞ迹뎍이라ᄒᆞ니若약論논春츈秋츄諸졔
國국之지終종始시컨ᄃᆡ有유未미及급戰뎐
國국而이先션亡망者쟈ᄒᆞ고有유旣긔及급
戰뎐國국而이後후亡망者쟈ᄒᆞ니各각擧거

其기緊개라ᄒᆞ노
열두버런노나라가온ᄃᆡ졔환공과송양
공과진문공과진목공과초장왕이다ᄉᆞᆺ
읏듬의일ᄌᆞ최이시니라만일츈츄모ᄃᆡ
나라희ᄆᆞᄎᆞᆷ과처음을의논컨ᄃᆡ젼국을
밋디못ᄒᆞ여셔로져망ᄒᆞ니잇고임의젼
국을밋처후에망ᄒᆞ니이시니각각그ᄃᆡ
미롤드노라
周쥬威위烈녈王왕以이後후ㅣ爲위戰젼
國국之지世셰則즉秦진楚초燕연齊졔趙

豆魏위韓한七칠大대國국而이已이니秦
진楚초燕연은猶유爲위春츈秋츄之지舊
구國국이오田뎐齊졔趙됴豆魏위韓한則즉爲
위戰젼國국之지新신國국이니凡범春츈
秋츄戰젼國국之지國국이雖슈係계周쥬
之지諸졔侯후而이國국異이政졍이實실
不불係계於어周쥬ᄃᆡ로難난於어盡진載
ᄌᆡ시ᄂᆞᆫ附부見견周쥬之지下하ᄒᆞ니方방其
기時시各각有유先션後후則즉觀관者쟈
ㅣ詳샹之지라ᄒᆞ

쥬위녈왕으로ᄣᅢ후ㅣ젼국뒤된즉진과
초과연과졔과됴과위과한일곱큰나라
ᄯᆞ롬이니진과초과연이츈츄의녯나라
히되고뎐졔과됴과위과한인즉젼국의
셔나라히되니라므릇츈츄과젼국의나
라히비록ᄌᆞᆺ졔후의미여시나나라마다
졍ᄉᆞ다론디라실노쥬의미이디아니ᄒᆞ
여시되다ᄊᆞᆺ기어려올ᄉᆡ쥬아리ᄇᆞ터뵈
ᄂᆞᆫ니바야흐로그ᄯᅢ각각몬져과후ㅣ이
신즉보ᄂᆞᆫ쟈ㅣᄌᆞ셔히ᄒᆞ라

吳오ᄂᆞᆫ 姬희姓셩이니 泰태伯빅仲즁雍옹之지
所소封봉也야ㅣ라 十십九구世셰예 至지壽슈
夢몽ᄒᆞ야 始시稱칭王왕ᄒᆞ다 壽슈夢몽의 四ᄉᆞ子
ᄌᆞ에 幼유曰왈季계札찰이니 札찰이 賢현이어ᄂᆞᆯ
欲욕使ᄉᆞ三삼子ᄌᆞ로 相샹繼계立닙ᄒᆞ야 以이
及급札찰ᄒᆞᆫ대 札찰이 義의不블可가ㅣ라ᄒᆞ야ᄂᆞᆯ 封
봉延연陵능ᄒᆞ고 號호曰왈延연陵능季계子ᄌᆞ
ㅣ라ᄒᆞ다 聘빙上샹國국ᄒᆞᆯᄉᆡ 過과徐셔ᄒᆞ니 徐셔君군
이 愛ᄋᆡ其기寶보劍검이어ᄂᆞᆯ 季계子ᄌᆞㅣ 心심
知디之지ㅣ러니 使ᄉᆞ還환에 徐셔君군이 己이

沒몰ᄂᆞᆯ이어遂슈解ᄒᆡ鈎검야ᄒᆞ懸현其기墓묘而
이去거다ᄒᆞ
오ᄂᆞᆫ회셩이니티뵉즁용의봉ᄒᆞᆫ비라열야
흡뒤예슈몽의니르러비로쇼왕이로라일
굿다슈몽이녜아돌의어리니ᄂᆞᆫᄀᆞᆯ온게찰
이니찰이어딜거ᄂᆞᆯ세아돌로ᄒᆞ여곰서로
니어셔ᄇᆡ찰의게뎐코댜ᄒᆞᆫ뒤찰이의에가
티아니타ᄒᆞ야ᄂᆞᆯ연능의봉ᄒᆞ고일홈ᄋᆞᆯ
오뒤연능게ᄌᆞㅣ라ᄒᆞ다웃나라회문안갈
셔셔돌디나니엿님금이그보뵈예ᄒᆞᆫ도록

ᄉᆞ랑ᄒᆞ거ᄂᆞᆯ계ᄌᆞᄅᆞᆯ ᄆᆞᄋᆞᆷ의아라ᄯᅥ니부려
도ᄅᆞ오미엿님금이임의주거ᄂᆞᆯ드듸여
환도ᄅᆞᆯ글너그무덤의ᄃᆞᆯ고가다
壽유夢몽後후四ᄉᆞ君군而이至지闔합閭녀
ᄒᆞ야擧거伍오員원ᄒᆞ야謀모國국事ᄉᆞᄒᆞ다員원의
字ᄌᆞᄂᆞᆫ子ᄌᆞ胥셔ㅣ니楚초人인伍오奢샤之지
子ᄌᆞㅣ라奢샤ᄅᆞᆯ誅듀而이奔분吳오ᄒᆞ야以이吳
오兵병ᄋᆞ로入입郢녕ᄒᆞ다
슈몽후네님금의디나합녀의ᄂᆞ려오원
을드러나라일을씌ᄒᆞ다원의ᄌᆞᄂᆞᆫᄌᆞ셔니

초사ᄅᆞᆷ오샤의아ᄃᆞᆯ이라샤ᄅᆞᆯ버혀ᄂᆞᆯ오로
ᄃᆞ라나오병으로ᄡᅥ녕의드러가다
吳오ㅣ伐벌越월ᄒᆞ다가闔합閭녀ㅣ傷샹而이薨훙ᄒᆞ거ᄂᆞᆯ子ᄌᆞ夫부差차ㅣ立닙ᄒᆞ니子ᄌᆞ胥셔ㅣ復부事ᄉᆞ之지ᄒᆞ다夫부差차ㅣ志지復복讐슈ᄒᆞ야朝됴夕셕애臥와薪신中듕ᄒᆞ고出츌入입에使ᄉᆞ人인呼호曰왈夫부差차아而이忘망越월人인之지殺살而이父부耶야아周쥬敬경王왕二이十십六뉵年년에夫부差차ㅣ敗퓌越월于우夫부椒쵸ᄒᆞᆫᄃᆡ越월王왕句구踐쳔

이以이餘여兵병으로棲셔會회稽계山산ᄒ야請
쳥爲위臣신ᄒ고妻쳐爲위妾쳡이어ᄂᆞᆯ子ᄌ胥셔
ㅣ言언不불可가ㅣ라ᄒ되太태宰ᄌᆡ伯ᄇᆡᆨ嚭비ㅣ
受슈越월賂뢰ᄒ고說셰夫부差ᄎᆞㅣ赦샤越월ᄒ다
오ㅣ월ᄅᆞᆯ티다가합녀샹ᄒ야주거ᄂᆞᆯ아ᄃᆞᆯ
부ᄎᆞㅣ셔니ᄌᆞ셰ᄯᅩ셤기다부ᄎᆞㅣᄯᅳ제월
슈ᄅᆞᆯ가프려ᄒ야아ᄎᆞᆷ나죄셥가온ᄃᆡ눕고
다며들제사ᄅᆞᆷ으로ᄒ여곰블러ᄀᆞᆯ오ᄃᆡ부
ᄎᆞ아네월사ᄅᆞᆷ이네아비주긴줄ᄅᆞᆯ니젓ᄂᆞᆫ
다쥬평왕스믈여ᄉᆞᆺᄒᆡ만의부ᄎᆞㅣ월ᄅᆞᆯ부

쵸의가뮈ᄒᆞᆫ뒤월왕구쳔이나믄병으로ᄡᅥ
회계산의깃드려청ᄒᆞ여신ᄒᆞ되고안히로
쳡을ᄉᆞᆷ아디라ᄒᆞ거ᄂᆞᆯᄌᆞ셔ㅣ닐오ᄃᆡ가치
아니타ᄒᆞᄃᆡᄐᆡᄌᆡᄇᆡᆨ비월뢰ᄅᆞᆯᄇᆞᆺ고부ᄎᆞ로
돕ᄂᆡ여월ᄅᆞᆯ노타
句구踐쳔이反반國국야ᄒᆞ懸현膽담고ᄒᆞ於어坐
좌臥와에卽즉仰앙膽담嘗샹之지曰왈女여
忘망會회稽계之지恥티耶야아擧거國국政
뎡야ᄒᆞ屬쇽太태夫부種죵而이與여范범蠡녀
로共공治치兵병事ᄉᆞ야ᄒᆞ謀모吳오라ᄒᆞ더

구쳔이나라희도라가ᄠᆞᆯᄆᆞᄅᆞᆯᄃᆞᆯ고안ᄌᆞ며
누우미곳ᄡᆞᆯᄆᆞᄅᆞᆯ울어러맛보와ᄀᆞᆯ오되네
회게의븟그려옴을니ᄌᆞᆺᄂᆞᆫ다나라졍ᄉᆞᄅᆞᆯ
드러티우죵의게부티고범녀로더브러ᄒᆞᆫ
가지로병ᄉᆞᄅᆞᆯ다ᄉᆞ려오ᄅᆞᆯᄡᅴᄒᆞ더라
吳오宰지嚭비諸져子ᄌᆞ胥셔ㅣ恥티謀모不
불用용ᄒᆞ야怨원望망이라ᄒᆞ야ᄂᆞᆯ夫부差차ㅣ乃ᄂᆡ
賜샤子ᄌᆞ胥셔屬쵹鏤누之지劍검ᄒᆞᆫ대子ᄌᆞ胥
셔ㅣ告고其기家가人인曰왈必필樹슈吾오
墓묘檟가ᄒᆞ야檟가ㅣ可가材ᄌᆡ也야ㅣ어든抉결吾

오目목ᄒᆞ야懸현東동門문ᄒᆞ라以이觀관越월兵
병之지滅멸吳오ㅣ라ᄒᆞ고乃내自ᄌᆞ剄경이놀어夫
부差차ㅣ取취其기尸시ᄒᆞ야盛셩以이鴟티夷
이ᄒᆞ야投투之지江강ᄒᆞ니吳오人인이憐련之지
ᄒᆞ야立닙祠ᄉᆞ江강上샹ᄒᆞ고命명曰왈胥셔山산
이라ᄒᆞ다
오지비참소ᄒᆞᄃᆡᄌᆞ셔ㅣᄢᅴ쓰디아니ᄒᆞ믈
을븟그려원망ᄒᆞ다ᄒᆞ야놀부ᄎᆞㅣ이에ᄌᆞ
셔를쇽누ㅣ로환도를쥰ᄃᆡᄌᆞ셔ㅣ그집사
ᄅᆞᆷ드려고ᄒᆞ야ᄀᆞᆯ오ᄃᆡ반ᄃᆞ시ᄂᆡ무덤의가

죵남글십거가죵남기가히지목ᄒᆞ얌즉ᄒᆞ거든니눈을ᄲᅢ혀동녁문의돌라ᄇᆡ월병이오멸ᄒᆞ논줄를보리라ᄒᆞ고이에스스로목딜러죽거놀부ᄎᆡㅣ그주검을가져믈가죡으로ᄡᅡ담아강의드리티니오사ᄅᆞᆷ이어엿비너겨계ᄒᆞᆫ되ᄃᆞᆯ강우희ᄉᆡ오고명ᄒᆞ야ᄅᆞᆯ오뎌ᄉᆡ산이라ᄒᆞ다

越월이十십年년生ᄉᆡᆼ聚취ᄒᆞ고十십年년敎교訓훈ᄒᆞ야周쥬元원王왕四ᄉᆞ年년에越월이伐벌吳오ᄒᆞᆫ대吳오ㅣ三삼戰젼三삼北븨ᄒᆞ다夫부

差ᄎᆞㅣ上샹姑고蘇소ᄒᆞ야亦역請쳥成셩於어越월이어ᄂᆞᆯ范범蠡녀ㅣ不블可가ㅣ라ᄒᆞ니夫부差ᄎᆞㅣ日왈吾오ㅣ無무以이見견子ᄌᆞ胥ㅣ라ᄒᆞ고爲위幎명冒모乃내死ᄉᆞᄒᆞ다

월이열ᄒᆡᄅᆞᆯ나코모호고열ᄒᆡᄅᆞᆯᄀᆞᄅᆞ쳐주원왕네ᄒᆡ만의월이오ᄅᆞᆯ티ᄃᆡ오ㅣ세번밧화세번두라나다부ᄎᆞㅣ고소의올라ᄯᅩ월의화친ᄒᆞ야지라청ᄒᆞ거ᄂᆞᆯ범녀ㅣ가치아니타ᄒᆞ니부ᄎᆞㅣᄀᆞᆯ오ᄃᆡᄂᆡᄡᅥᄌᆞ셔ᄅᆞᆯ보지못ᄒᆞ리라ᄒᆞ고명모ᄅᆞᆯᄆᆡᆼ그라ᄡᅥ이에죽다

越월이既긔滅멸吳오ᄒᆡ어范범蠡녀ㅣ去거
之지ᄒᆞᆯ시遺유大태夫부種죵書셔曰왈越월王
왕為위人인이長댱頸경鳥오喙훼라可가與
여共공患환難난이오不불可가與여共공安안
樂락이니子ᄌᆞᄂᆞᆫ何하不불去거오ᄒᆞᆫᄃᆡ種죵이稱
칭疾딜不불朝됴ㅣ러니或혹이讒참種죵이且
타作작亂난이라ᄒᆞ야ᄂᆞᆯ賜ᄉᆞ劒검死ᄉᆞᄒᆞ다
월이임의오ᄅᆞᆯ멸ᄒᆞ야ᄂᆞᆯ범녀ㅣᄇᆞ리고갈
셔ᄐᆡ우죵의게글ᄋᆞᆯ주어ᄀᆞᆯᄋᆞᄃᆡ월왕의사
ᄅᆞᆷ되옴이목이딜고가마괴부리라가히더

브러근심과어려온일요ᄒᆞᆫ가지로ᄒᆞ고가히더브러평안ᄒᆞ고즐겁기ᄂᆞᆫᄒᆞᆫ가지로못ᄒᆞᆯ거시니그ᄃᆡᄂᆞᆫ엇지ᄇᆞ리고가지아니ᄒᆞᄂᆞ뇨ᄒᆞᆫᄃᆡ죵이병들라칭ᄒᆞ고뇨회티아니ᄒᆞ더니혹이춤소ᄒᆞᄃᆡ죵이장ᄎᆞᆺ난을진ᄂᆞᆫ다ᄒᆞ야ᄂᆞᆯ환도ᄅᆞᆯ주어죽으라ᄒᆞ다

范범蠡녀ㅣ裝장其긔輕경寶보珠듀玉옥ᄒᆞ야與여私ᄉᆞ從죵으로乘승舟쥬江강湖호ᄒᆞ야浮부海ᄒᆡ出츌齊졔ᄒᆞ야變변姓셩名명ᄒᆞ야自ᄌᆞ謂위鴟치夷이라ᄒᆞ고 子ᄌᆞᄂᆞᆫ 皮피라 父부子ᄌᆞㅣ治

치産산ᄒᆞ니至지數슈十십萬만이러라
범녀ㅣ그가븨야온보비과구슬과옥을치
장ᄒᆞ야ᄉᆞᄉᆞ좃ᄂᆞᆫ니로더브러비ᄅᆞᆯ강호의
ᄐᆞ바ᄃᆞ희ᄯᅥ졔예나셩과일홈을고텨스스
로닐오ᄃᆡ치이라ᄒᆞ고ᄌᆞᄂᆞᆫ피라아비파아
ᄃᆞᆯ이사ᄅᆞᆯ일을다ᄉᆞ리니수십만의니르더
라
齊졔人인이聞문其기賢현ᄒᆞ고以이爲위相샹
ᄒᆞᆫ대蠡녀ㅣ喟위然연嘆탄曰왈居거家가에致
치千쳔金금ᄒᆞ고居거官관에致치卿경相샹ᄒᆞ니

此ᄎᆞㅣ布포衣의之지極극也야ㅣ라久구受슈尊존名명이不불祥샹이라ᄒᆞ고乃내歸귀相샹印인ᄒᆞ고盡진散산其기財ᄌᆡᄒᆞ고懷회重듕寶보間간行힝ᄒᆞ야止지於어陶도ᄒᆞ야自ᄌᆞ謂위陶도朱듀公공이로라ᄒᆞ니貲ᄌᆞㅣ累누鉅萬만이러라

졔사ᄅᆞᆷ이그어딘줄을듯고베졍승을삼은뒤녀ㅣ위연이탄식ᄒᆞ야ᄀᆞᆯ오ᄃᆡ집의이시미쳔금을닐위고벼ᄉᆞᆯ의이시미경샹의니ᄅᆞ니이ᄂᆞᆫ뵈오시극홈이라오리노픈일홈을밧드미샹셰아니라ᄒᆞ야이에졍승인을

도라보ᄂᆡ고그ᄌᆡ물ᄅᆞᆯ다ᄒᆞᆺ고등ᄒᆞᆫ보ᄇᆡᄅᆞᆯ
품어가만이힝ᄒᆞ야도의그쳐스스로일오
ᄃᆡ도듀공이라ᄒᆞ니ᄌᆡ물이큰만이나ᄯᅡᆺ헛
더라

魯노人인猗의頓돈이往왕問문術술ᄒᆞ연ᄃᆡᄒᆞᆫ
蠡녀ㅣ曰왈畜튝五오牸ᄌᆞᄒᆞ라ᄒᆞ야ᄂᆞᆯ乃내大대
畜튝牛우羊양於어猗의氏시ᄒᆞ니十십年년間
간에貲ᄌᆞㅣ擬의王왕公공이라故고로天텬下
하言언富부者쟈ㅣ稱칭陶도朱쥬猗의頓돈
이라

노ᄒᆞᆫ사ᄅᆞᄆᆡ돈이가ᄉᆞᆷ을무르ᄯᅱ녀ㅣᄀᆞᆯ오ᄃᆡ
다ᄉᆞᆺ암즘ᄉᆡᆼ을치라ᄒᆞ야놀이에크게쇼과
양을의시예치니열히ᄉᆞ이예지물이왕공
의견ᄒᆞᆫ디라고로텬하가음연이롤닐을
이도쥬파의돈을일ᄏᆞᆺ더라

蔡ᄂᆞᆫ姬희姓셩ㅣ니蔡채仲듕之지所소封봉
世셰야ㅣ라周쥬公공이放방蔡채叔슉於어郭곽과
鄰닌ᄉᆡ이러니其기子ᄌᆞ胡호ㅣ率솔德덕改ᄀᆡ行
ᄒᆡᆼ이어復부封봉于우蔡채ᄒᆞ니後후世셰에至
지春츈秋츄之지末말ᄒᆞ야爲위楚초惠혜王왕

의所소滅멸다ᄒᆞ
ᄎᆡᄂᆞᆫ희셩이니ᄎᆡ듕의봉ᄒᆞᆫ바라쥬공이ᄎᆡ
숙을곽닌의ᄂᆡ쳐더시니그아ᄃᆞᆯ호ㅣ덕을
거ᄂᆞ려ᄒᆡᆼ실을고텨놀다시ᄎᆡ예봉ᄒᆞ다후
셰예츈츄말의이ᄅᆞ러초혜왕의멸ᄒᆞᆫ바되
다

曹조ᄂᆞᆫ姬희姓셩이니武무王왕의弟뎨曹조叔
숙振진鐸탁之지所소封봉也야라其기後후
世셰至지春츈秋츄中듕ᄒᆞ야爲위宋송의所소
滅멸ᄒᆞ

조ᄂᆞᆫ희셩이니무왕의아ᄋᆞ조숙진탁의봉ᄒᆞᆫ비라그후예츈츄가온ᄃᆡ닐ᄅᆞ러송의멸ᄒᆞᆫ비되다

宋송은子ᄌᆞ姓셩이니商샹紂듀의庶셔兄형微미子ᄌᆞ啓계之지所소封봉也야ㅣ라後후世셰至지春츈秋츄ᄒᆞ야有유襄양公공茲ᄌᆞ父보者쟈ㅣ欲욕霸픽諸졔侯후ᄒᆞ야與여楚초로戰젼ᄒᆞᆯ시公공子ᄌᆞ目목夷이請쳥及급其기未미陣진擊격之지라ᄒᆞᆫᄃᆡ 公공이曰왈君군子ᄌᆞᄂᆞᆫ不불困곤人인於어阨익이라ᄒᆞ고遂슈爲위楚초의

所소敗패ᄒᆞ니 世셰ㅣ 笑쇼以이爲위宋송襄양之지仁인이라ᄒᆞ더라

송은ᄌᆞ셩이니샹듀의얼형미ᄌᆞ게의봉ᄒᆞᆫ배라후셰예츈츄의니르러양공ᄌᆞ보ㅣ이셔졔후의웃듬되고져ᄒᆞ야초로더부러ᄡᅡ홀ᄉᆡ공ᄌᆞ목이쳥호ᄃᆡ그딘치디몯ᄒᆞ물밋처칠거시라ᄒᆞᆫᄃᆡ공이골오ᄃᆡ군ᄌᆞᄂᆞᆫ사ᄅᆞᆷ을어려온ᄃᆡ곤케아니ᄒᆞᄂᆞ니라ᄒᆞ고드ᄃᆡ여초의패ᄒᆞᆫ배되니셰샹이ᄡᅥ송양의어디르미라웃더라

其기後후에有유景경公공者쟈ㅣ러니熒형惑혹이嘗상以이其기時시에守슈心심ᄒᆞ니心심은宋송之지分분野야ㅣ라公공이憂우之지어놀司ᄉᆞ星셩子ᄌᆞ韋위ㅣ曰왈可가移이於어相샹이니이다公공이曰왈相샹은吾오之지股고肱굉이니라曰왈可가移이於어民민이니이다公공이曰왈君군者쟈ᄂᆞᆫ待ᄃᆡ民민이니라曰왈可가移이於어歲셰니이다公공이曰왈歲셰飢긔民민困곤이면吾오誰슈爲위君군이리오子ᄌᆞ韋위ㅣ曰왈天텬高고聽텽卑비ᄒᆞᄂᆞ니君군有유君군人

인之지言언三삼ᄒᆞ나시宜의有유動동이라ᄒᆞ고俟

후之지ᄒᆞ나果과徒ᄉᆞ一일度도ᄒᆞ다

그후에경공이잇더니형혹이일주ᄇᆡ그ᄯᅴ

예심셩을디킈니심셩은송의논호인들히

라공이근심ᄒᆞ거놀별ᄆᆞ옴아논ᄌᆞ위ᄀᆞᆯ오

ᄃᆡ가히졍승의게옴길거시니이다공이ᄀᆞᆯ

오ᄃᆡ졍승은ᄂᆡ다리과폴히니라ᄀᆞᆯ오ᄃᆡ가

히ᄇᆡᆨ셩의게옴길거시니이다공이ᄀᆞᆯ오ᄃᆡ

님금은ᄇᆡᆨ셩을기다리ᄂᆞ니라ᄀᆞᆯ오ᄃᆡ가히

히예옴길거시니이다공이ᄀᆞᆯ오ᄃᆡ히주리

고ᄇᆡᆨ셩이곤ᄒᆞ면나ᄅᆞᆯ누님금을ᄉᆞᆷ으리오
ᄌᆞ위ᄅᆞᆯ오ᄃᆡ하ᄂᆞᆯ이노파도ᄂᆞᄌᆞᆫᄃᆡᄅᆞᆯ드르
시ᄂᆞ니님금이님금의말ᄉᆞᆷ서히이시니맛
당히움즉이미이시리라ᄒᆞ고기다리니과
연히ᄒᆞᆫ도ᄅᆞᆯ옮다

歷녁數슈世셰ᄒᆞ야至지康강王왕偃언ᄒᆞ야有유
雀쟉이生ᄉᆡᆼ鸇젼이어ᄂᆞᆯ占뎜之지曰왈必필覇ᄑᆡ
天텬下하ㅣ라ᄒᆞ야ᄂᆞᆯ偃언이喜희ᄒᆞ야敗ᄑᆡ齊졔楚
초魏위ᄒᆞ야與여爲위敵뎍國국이러라偃언이淫
음虐학ᄒᆞ니天텬下하ㅣ號호之지曰왈桀걸宋

송이라ᄒᆞ더라 周쥬赧난王왕時시예齊졔湣민王
왕이與여楚초魏위로共공伐벌宋송ᄒᆞ야滅멸
之지而이分분其기地디ᄒᆞ다

두어뒤를다나강왕언의니루러시이셔수
리를나하ᄂᆞᆯ쳠복ᄒᆞ야골오되반ᄃᆞ시텬하
의웃듬되리라ᄒᆞ야ᄂᆞᆯ엇이깃거졔과초과
위를뤼ᄒᆞ야더브러뎍국을삼더라언이음
ᄂᆞᆫᄒᆞ고모다니텬하ㅣ일홈ᄒᆞ야골오되걸
송이라ᄒᆞ더라쥬난왕ᄯᅢ예졔민왕이초과
위로더브러ᄒᆞᆫ가지로송을쳐멸ᄒᆞ고그ᄯᅡ

흘ᄂᆞᆫ호다ㅣ

魯ᄂᆞᆫ 姬희姓셩이니 周쥬公공의 子ᄌᆞ 伯ᄇᆡᆨ禽금之지所소封봉也야ㅣ라 周쥬公공이 誨회成셩王왕ᄒᆞ실ᄉᆡ 王왕이 有유過과則즉撻달伯ᄇᆡᆨ禽금이러시니 伯ᄇᆡᆨ禽금이 就취封봉ᄒᆞᆯᄉᆡ 公공이 戒계之지曰왈 我아ᄂᆞᆫ 文문王왕之지子ᄌᆞㅣ오 武무王왕之지弟뎨오 今금王왕之지叔슉父부ㅣ니 然연이나 我아ㅣ 一일沐목에 三삼握악髮발ᄒᆞ고 一일飯반에 三삼吐토哺포ᄒᆞ야 起긔以이待ᄃᆡ士ᄉᆞᄒᆞ오ᄃᆡ 猶유恐공失실天텬下하賢현人인

ᄒᆞ나노汝여ㅣ之지魯노ᄒᆞ야愼신無무以이國국
으로驕교人인ᄒᆞ라
노ᄂᆞᆫ희셩이니쥬공의아ᄃᆞᆯ빅금의봉ᄒᆞᆫ비
라쥬공이셩왕을마ᄅᆞ치실시왕이허믈이
이시면빅금을치더시다빅금이봉의나아
갈시공이경계ᄒᆞ야ᄀᆞᆯᄋᆞ샤ᄃᆡ나ᄂᆞᆫ문왕의
아ᄃᆞᆯ이오무왕의아ᄋᆞ오이졔왕의아자비
나그러나ᄂᆡᄒᆞᆫ번머리ᄀᆞᆷ올제셰번머리터
락을쥐고ᄒᆞᆫ번밥머글제세번머금은거슬
바앗타니러나ᄇᆡᆨ션ᄇᆡ를ᄃᆡ졉호ᄃᆡ오히려

텬하의어진사ᄅᆞᆷ일ᄒᆞᆯ가저허ᄒᆞ노니네노의가삼가나라ᄒᆞ로ᄡᅦ사ᄅᆞᆷ을업슈이너기지말라

太태公공이封봉於어齊졔ᄒᆞ야五오月월而이報보政졍ᄒᆞᆫ대周쥬公공이曰왈何하疾질也야오曰왈吾오ㅣ簡간其기君군臣신禮녜ᄒᆞ고從종其기俗쇽이ᄒᆞ노니伯ᄇᆡᆨ禽금이至지魯노ᄒᆞ야三삼年년而이報보政졍ᄒᆞᆫ대周쥬公공이曰왈何하遲지也야오曰왈變변其기俗쇽ᄒᆞ고革혁其기禮녜ᄒᆞ야喪상三삼年년而이後후에除졔之

지ᄒᆞ노이다 周쥬公공이曰왈後후世셰其기北븍
面면事ᄉᆞ齊졔乎호뎌 夫부政졍이不불簡간
不불易이면 民민不불能능近근ᄒᆞᄂᆞ니 平평易
이近근民민이라야 民민必필歸귀之지라 周쥬
公공이問문太태公공ᄒᆞᄃᆡ何하以이治치齊졔
오 曰왈尊존賢현而이尚상功공이ᄒᆞᄂᆞ니 周쥬公
공이曰왈後후世셰예必필有유簒찬弑시之
지臣신이로다 太태公공이問문周쥬公공ᄒᆞᄃᆡ何
하以이治치魯노ㅣ잇고 曰왈尊존賢현而이親
친親친ᄒᆞ노라 太태公공이曰왈後후世셰예寢

침弱약矣의 다로

티공이겨에봉ᄒᆞ야ᄃᆞᄉᆞ돌만의경ᄉᆞ를알
왼듸쥬공이가라샤듸엇지샐은뇨골오듸
ᄂᆡ그님금과신ᄒᆞ의녜를간략히ᄒᆞ고그풍
속을좃ᄂᆞ이다빅금이노의니ᄅᆞ러서힛만
의경ᄉᆞ를알왼듸쥬공이골ᄋᆞ샤듸엇지더
듸뇨골오듸그풍속을변ᄒᆞ고그녜도를고
쳐삼년거상닙은후에더노이ᄃᆞ쥬공이골
ᄋᆞ샤듸훗듸예그북으로노ᄉᆞᄒᆞ야져를셤길
인뎌정ᄉᆞ간략지아니ᄒᆞ고쉽게아니ᄒᆞ면

ᄇᆡᆨ셩이능히친근히아니ᄒᆞᄂᆞᆫ니평히ᄒᆞ고
쉽게ᄒᆞ야ᄇᆡᆨ셩을친근케ᄒᆞ야사ᄇᆡᆨ셩이반
ᄃᆞ시도라오ᄂᆞ니라쥬공이ᄐᆡ공다려무ᄅᆞ
시되엇지베졔ᄅᆞᆯᄃᆞ스리ᄂᆞ뇨ᄀᆞᆯ오ᄃᆡ어디
니ᄅᆞᆯ노피고공을올이노니다쥬공이ᄀᆞᆯ오
샤ᄃᆡ훗ᄃᆡ예반ᄃᆞ시앗고주길신히이실이
로다ᄐᆡ공이쥬공ᄭᅴ뭇ᄌᆞ오ᄃᆡ엇지벼노ᄅᆞᆯ
다ᄉᆞ리시ᄂᆞ니잇고ᄀᆞᆯ오샤ᄃᆡ어디니ᄅᆞᆯ노
피고친당을친히ᄒᆞ노라ᄐᆡ공이ᄀᆞᆯ오ᄃᆡ훗
ᄃᆡ예겸겸약ᄒᆞ리로다

伯빅禽금十십三삼世셰而이至지隱은公공
ᄒᆞ야 爲위春츈秋츄之지始시ᄒᆞ며 隱은公공之지
弟뎨曰왈桓환公공이오 桓환公공之지子ᄌᆞ曰왈
왈莊장公공이라 莊장公공이 有유庶셔弟뎨三
삼人인ᄒᆞ니 曰왈慶경父보ᄂᆞᆫ 其기後후ㅣ爲위
孟밍孫손氏시ᄒᆞ고 曰왈叔슉牙아ᄂᆞᆫ 其기後후
ㅣ爲위叔슉孫손氏시ᄒᆞ고 曰왈季계友우ᄂᆞᆫ 其
기後후ㅣ爲위季계孫손氏시ᄒᆞ니 是시爲위三
삼桓환이라 世셰執집國국命명ᄒᆞ며 歷녁閔민公
공僖희公공文문公공宣션公공成셩公공襄

양公공ᄒᆞ야 至지昭쇼公공ᄒᆞ야 伐벌季계氏시ᄒᆞ더니

三삼家가ㅣ 共공攻공之지ᄒᆞ니 公공이 奔분乾

간侯후以이卒졸ᄒᆞ다

빅금으로 녀열세 뒤만의 은공의 니르러 츈

츄의 비로소 마 되다 은공의 아ᄋᆞᄂᆞᆫ 골온 환

공이오 환공의 아ᄃᆞᆯ은 골온 장공이라 장공

이 얼 아ᄋᆞ 셔 사ᄅᆞᆷ이 이시니 골온 경보ᄂᆞᆫ 그

후ㅣ ᄆᆡᆼ손시 되고 골온 슉아ᄂᆞᆫ 그 후ㅣ 슉손

시 되고 골온 계우ᄂᆞᆫ 그 후ㅣ 계손시 되니 이

삼환이라 뒤뒤 나라 명을 잡다니 민공과 희공

과문공과션공과셩공과양공의디나쇼공
의니ᄅᆞ러게시롤친뒤세집이ᄒᆞᆫ가디로치
니공이간후의ᄃᆞᄅᆞᄂᆞ배죽다
弟뎨定뎡公공이立닙ᄒᆞ야以이孔공子ᄌᆞ로爲
위中듕都도宰지ᄒᆞ니一일年년에四ᄉᆞ方방이
皆ᄀᆡ則측之지ᄒᆞ더라由유中듕都도로爲위司
ᄉᆞ空공ᄒᆞ시고進진爲위大ᄃᆡ司ᄉᆞ寇구ᄒᆞ시다
아ᄋᆞ뎡공이셔셔공ᄌᆞ로배둉도지롤삼으
니ᄒᆞᆫ힛만의ᄉᆞ방이다법밧더라둉도로말
미아ᄆᆞᄉᆞ공이되시고나아와ᄃᆡᄉᆞ귀되시

다
相샹定뎡公공ᄒᆞ야會회諸졔侯후於어夾협谷
곡ᄒᆞᆯ시孔공子ᄌᆞㅣ曰왈有유文문事ᄉᆞ者쟈ᄂᆞᆫ
必필有유武무備비ᄂᆞ니請쳥具구左좌右우司
ᄉᆞ馬마以이從죵ᄒᆞ쇼셔既긔會회예齊졔有유
司ᄉᆞㅣ請쳥奏주四ᄉᆞ方방之지樂악ᄒᆞ야於어
是시에旗긔旄모劍검戟극이鼓고譟조而이
進진ᄒᆞᆫ대孔공子ᄌᆞㅣ趨추而이進진曰왈吾
오兩냥君군이爲위好호에夷이狄젹之지樂
악을何하爲위於어此ᄎᆞㅣ오ᄒᆞ신대齊졔景경公공

이心심怍작ᄒᆞ야麾휘之지ᄒᆞ다齊제有유司ᄉᆞㅣ
請쳥奏주宮궁中듕之지樂악ᄒᆞ니優우倡챵侏쥬
儒유ㅣ戲희而이前젼이어놀孔공子ᄌᆞㅣ趨추
而이進진曰왈匹필夫부ㅣ熒형惑혹諸졔侯
후者쟈ᄂᆞᆫ罪죄當당誅쥬니請쳥命명有유司
ᄉᆞᄒᆞ야加가法법焉언ᄒᆞ야首슈足죡異이處쳐ᄒᆞ쇼
셔ᄒᆞ신대景경公공이懼구ᄒᆞ야歸귀語어其기臣신
曰왈魯노ᄂᆞᆫ以이君군子ᄌᆞ之지道도로輔보
其기君군而이子ᄌᆞᄂᆞᆫ獨독以이夷이狄젹之
지道도로敎교寡과人인이라ᄒᆞ고於어是시에齊

졔人인이乃내歸귀所소侵침魯노鄆운汶문
陽양龜귀陰음之지地디ᄒᆞ야以이謝샤魯노ᄒᆞ다
뎡공을도으샤졔후과협곡의모들셔공ᄌᆞ
ㅣᄀᆞᆯᄋᆞ샤ᄃᆡ글일을두ᄂᆞ니ᄂᆞᆫ반ᄃᆞ시호반
방비ᄅᆞᆯ둘거시니쳥컨ᄃᆡ좌우ᄉᆞ마ᄅᆞᆯᄀᆞ초
와ᄡᅥ조ᄎᆞ가쇼셔이미모도미졔유ᄉᆞㅣ쳥
ᄒᆞ야ᄉᆞ방의풍류ᄅᆞᆯ드리오니이에그과모
과환도과창이북치고소리딜러나아오거
ᄂᆞᆯ공ᄌᆞㅣ돌아나아가ᄀᆞᆯᄋᆞ샤ᄃᆡ우리두님
금이화호ᄅᆞᆯᄒᆞ매오랑캐풍류ᄅᆞᆯ엇디이에

ᄒᆞ나표ᄒᆞ신ᄃᆡ졔경공이ᄆᆞ음의븟그려믈
너티두졔유ᄉᆞㅣ청ᄒᆞ야ᄃᆡ궐가온ᄃᆡ풍류
ᄅᆞᆯ드리오니광ᄃᆡ과노ᄅᆞᆺ밧치희롱ᄒᆞ야나
아오거ᄂᆞᆯ공ᄌᆞㅣ도라나아가ᄀᆞ로샤ᄃᆡᄒᆞᆫ
사ᄅᆞᆷ이졔후ᄅᆞᆯ어즈러여ᄂᆞᆯ니ᄂᆞ니논죄맛
당히버힐거시니청컨ᄃᆡ유ᄉᆞᄅᆞᆯ명ᄒᆞ야법
을더ᄒᆞ야머리과발이곳이다ᄅᆞ게ᄒᆞ소셔
ᄒᆞᆫᄃᆡ경공이두려도라가그신하ᄃᆞ려닐러
ᄀᆞᆯ오ᄃᆡ노ᄂᆞᆫ군ᄌᆞ의도로ᄡᅢ그님금을돕거
ᄂᆞᆯ그ᄃᆡᄂᆞᆫ홀노오랑ᄏᆡ도로ᄡᅢ나ᄅᆞᆯᄀᆞᄅᆞ치

다ᄒᆞ고이예젼사ᄅᆞᆷ이침노ᄒᆞ야가졋ᄂᆞᆫ바

운과문양과귀음ᄯᅡ흘도라보니여배노의

샤죄ᄒᆞ다

孔공子ᄌᆞㅣ言언於어定뎡公공ᄒᆞ샤將쟝墮타

三삼都도ᄒᆞ야以이強강公공室실ᄒᆞ니叔슉孫

손氏시ᄂᆞᆫ先션墮타郈후ᄒᆞ고季계氏시ᄂᆞᆫ墮타

費비ᄒᆞ고孟ᄆᆡᆼ氏시之지臣신은不블肯긍墮타

成셩놀이어圍위之지不블克극다ᄒᆞ孔공子ᄌᆞㅣ

由유大대司ᄉᆞ寇구로攝셥行ᄒᆡᆼ相샹事ᄉᆞᄒᆞ샤

七칠日일而이誅듀亂난政졍大대夫부少쇼

正졍卯묘ᄒᆞ시고 居거三삼月월에魯노ㅣ大ᄃᆡ
治티ᄒᆞ니齊졔人인이聞문之지懼구ᄒᆞ야乃ᄂᆡ歸
귀女녀樂악於어魯노뇌어季계桓환子ᄌᆞㅣ
受슈之지ᄒᆞ야不불聽텽政졍ᄒᆞ고郊교에又우不
불致치膰번俎조於어大ᄃᆡ夫우뇌어孔공子
ᄌᆞㅣ遂슈去거魯노ᄒᆞ시다
공ᄌᆞㅣ뎡공ᄭᅴ니ᄅᆞ샤쟝ᄎᆞᆺ세도ᄅᆞᆯ허러ᄇᆡ
나라ᄒᆞᆯ강케ᄒᆞ시니숙손시ᄂᆞᆫ몬져후ᄅᆞᆯ헐
고계시ᄂᆞᆫ비ᄅᆞᆯ헐고밍시의신하ᄂᆞᆫ즐겨셩
을허지아니ᄒᆞ거ᄂᆞᆯᄇᆡ이긔지못ᄒᆞ다공ᄌᆞ

ㅣᄃᆡᄉᆞ구로말믜아므야졍승일ᄅᆞᆯ자바ᄒᆡᆼ
ᄒᆞ샤닐에만의졍ᄉᆞ어즈리ᄂᆞᆫᄐᆡ후쇼졍
묘ᄅᆞᆯ버히시다그리ᄒᆞ셕ᄃᆞᆯ만의노ㅣ크게
다ᄉᆞ니졔ᄉᆞ람이듣고무셔위이예게깁풍
류ᄅᆞᆯ노의보ᄂᆡ여ᄂᆞᆯ계환ᄌᆞㅣ바다졍ᄉᆞᄅᆞᆯ
듯디아니ᄒᆞ고하ᄂᆞᆯᄭᅴ졔홈애ᄯᅩ졔ᄒᆞᆫ고기
ᄅᆞᆯᄐᆡ우의게ᄂᆞᆯ위디아니ᄒᆞ거ᄂᆞᆯ공ᄌᆞㅣ드
듸여노ᄅᆞᆯᄇᆞ리고가시다
定뎡公공이卒졸ᄒᆞ거ᄂᆞᆯ子ᄌᆞ哀애公공ㅣ立닙ᄒᆞ야
欲욕以이越월로伐벌三삼桓환가이라不블克

극ᄒᆞ다 歷녁悼도王왕元원公공ᄒᆞ야 至지繆목公
공ᄒᆞ야 知디尊존子ᄌᆞ思ᄉᆞ而이不블能능用용
ᄒᆞ다 歷녁共공公공康강公공ᄒᆞ야 至지平평公공
ᄒᆞ야 嘗샹欲욕見견孟ᄆᆡᆼ子ᄌᆞ而이不블果과ᄒᆞ다
歷녁文문公공ᄒᆞ야 至지頃경公공ᄒᆞ야 爲위楚초
考고烈녈王왕의 所소滅멸ᄒᆞ다 魯노ㅣ 自ᄌᆞ周
쥬公공으로 至지頃경公공ᄒᆞ니 凡범三삼十십四
ᄉᆞ世셰러라

뎡공이 주거늘 아ᄃᆞᆯ ᄋᆡ공이 셔셔 월노ᄇᆡ 삼
환을 치고져 ᄒᆞ다가 능히 못ᄒᆞ다 도공과 원

공을디나목공의니ᄅᆞ러ᄌᆞᄉᆞᄅᆞᆯ존ᄃᆡ홀줄
을알오ᄃᆡ능히ᄡᅳ디아니ᄒᆞ다공공과강공
을디나평공의니ᄅᆞ러일즉ᄆᆡᆼᄌᆞᄅᆞᆯ보고져
ᄒᆞ다가과연치아니ᄒᆞ다문공을디나경공
의니ᄅᆞ러초고녈왕의멸ᄒᆞᆫ비되다노ㅣ쥬
공으로부터경공의니ᄅᆞ니무ᄅᆞᆺ셜흔네ᄃᆡ
러라
孔공ᄌᆞ의名명은丘구ㅣ오字ᄌᆞᄂᆞᆫ仲듕尼니
니其기先션은宋송人인也야ㅣ라有유定뎡考
고父보者자ㅣ佐좌宋송ᄒᆞ야三삼命명에玆ᄌᆞ

益익恭공이러라 其기鼎졍銘명에 云운一일命명而이僂루ᄒᆞ고 再ᄌᆡ命명而이傴구ᄒᆞ고 三삼命명而이俯부ᄒᆞ고 循슌墻장而이走주ᄒᆞ면 亦역莫막余여敢감侮모ㅣ로다 饘젼於어是시ᄒᆞ고 粥쥭於어是시ᄒᆞ야 以이餬호余여口구ᄒᆞ노라 孔공氏시滅멸於어宋송ᄒᆞ니 其기後후ㅣ 適뎍魯노ᄒᆞ니 有유叔슉梁량紇흘이 與여顔안氏시女녀로 禱도於어尼니丘구山산而이生ᄉᆡᆼ孔공子ᄌᆞᄒᆞ니 爲위兒아嬉희戱희에 嘗샹陳딘俎조豆두ᄒᆞ야 設셜禮녜容용ᄒᆞ고 長장爲위季계氏시史

ᄉᆞ니ᄒᆞ시 料료量량이 平평ᄒᆞ고 嘗샹爲위司ᄉᆞ職
직吏니ᄒᆞ시 畜휵이 蕃번息식이러라 適뎍周쥬
ᄒᆞ샤 問문禮녜於어老노子ᄌᆞᄒᆞ시고 反반而이弟
뎨子ᄌᆞㅣ 稍초益익進진이러라

공ᄌᆞ의일홈은구오ᄌᆞᄂᆞᆫ듕니니그션셰ᄂᆞᆫ
송ᄉᆞ롬이라뎡고보ㅣ이셔송을도와세번
명홈애더옥더공슌ᄒᆞ더라그솟경계ᄒᆞᆫ
글의닐오뒤ᄒᆞᆫ번명홈애머리ᄅᆞᆯᄂᆞᄌᆞ기ᄒᆞ
고두번명홈애허리ᄅᆞᆯ굽히고세번명홈애
몸을구버ᄃᆞ희다히고담을조ᄎᆞ다라ᄂᆞ면

ᄯᅩᄒᆞᆫ나ᄅᆞᆯ감히업슈이네기리업소리로다
이어밥짓고이에쥭뿌어뻬니입머기노라
공시송의업스니그후ㅣ노의가다솨냥ᄒᆞᆯ
이이여안시ᄯᅩ로더브러니구산의비러공
ᄌᆞᄅᆞᆯ나ᄒᆞ니아ᄒᆡ되여희롱ᄒᆞ야노ᄅᆞᆺ실제
샹ᄒᆡ졔긔ᄅᆞᆯ버려네도얼골ᄅᆞᆯ베프시고ᄌᆞ
라계시ᄌᆡ되시니뇨혜아리미평ᄒᆞ고일족
즘승치ᄂᆞᆫ관원이되시니즘승이번셩ᄒᆞ야
붓더라쥬의가샤녜ᄅᆞᆯ노ᄌᆞ예뭇ᄌᆞᆷ고도라
오시미뎨ᄌᆞㅣ졈졈나아오더라

適뎍齊졔ᄒᆞ시나 齊졔景경公공이 將장待ᄃᆡ以
이季계孟ᄆᆡᆼ之지間간이여ᄂᆞᆯ 孔공子ᄌᆞㅣ反반
魯노ᄒᆞ신ᄃᆡ 定뎡公공이 用용之지不블終죵ᄒᆞ다
適뎍衛위ᄒᆞ야 將장適뎍陳딘ᄒᆞ실서 過과匡광ᄒᆞ시
니匡광人인이 嘗샹為위陽양虎호의所소暴
포ㅣ라 孔공子ᄌᆞㅣ 貌모類류陽양虎호ㅣ어ᄂᆞᆯ 止
지之지ㅣ러니 旣긔免면ᄒᆞ시나 反반于우衛위ᄒᆞ야 醜
취靈령公공所소為위ᄒᆞ야 去거之지ᄒᆞ시다 過과
曹조適뎍宋송ᄒᆞ야 與여弟뎨子ᄌᆞ로 習습禮례
大대樹슈下하ㅣ러시니 桓환魋퇴ㅣ伐벌拔발其

기樹슈ᄒᆞ다 適뎍鄭뎡ᄒᆞ신ᄃᆡ 鄭뎡人인이 曰왈東
동門문에 有유人인ᄒᆞ니 其기顙상이 似ᄉᆞ堯요
ᄒᆞ고 其기項항이 類류皐고陶요ᄒᆞ고 其기肩견이
類류子ᄌᆞ産산ᄒᆞ고 自ᄌᆞ腰요以이下하ᄂᆞᆫ 不블
及급禹우三삼寸촌ᄒᆞ고 纍누纍누然연若약喪
상家가之지狗구ㅣ라ᄒᆞ더라 適뎍陳딘ᄒᆞ시고 又우
適뎍衛위ᄒᆞ샤 將쟝西셔見견趙됴簡간子ᄌᆞ레
시니 至지河하ᄒᆞ야 聞문竇두鳴명犢독舜슌華화
의 殺살死ᄉᆞᄒᆞ시고 臨님河하嘆탄曰왈美미哉ᄌᆡ
지라 水슈ㅣ 洋양洋양乎호ㅣ로다 丘구之지不

불濟졔此ᄎᆞㅣ命명也야ㅣ라ᄒᆞ시고反반于우衛

위ᄒᆞ시다適뎍陳딘ᄒᆞ시고適뎍蔡채ᄒᆞ야如여葉셥

이러시니反반于우蔡채ᄒᆞ시다楚초ㅣ使ᄉᆞ人인聘

빙之지어늘陳딘蔡채大ᄃᆡ夫부ㅣ謀모曰왈孔

공子ᄌᆞㅣ用용於어楚초則즉陳딘蔡채ㅣ危

위矣의리라ᄒᆞ고相샹與여發발徒도ᄒᆞ야圍위之지

於어野야ᄒᆞᆫ대孔공子ᄌᆞㅣ曰왈詩시云운匪비

兕시匪비虎호ㅣ로ᄃᆡ率솔彼피曠광野야ㅣ라ᄒᆞ니吾

오道도ㅣ非비耶야아吾오ㅣ何하爲위於어

此ᄎᆞ오子ᄌᆞ貢공이曰왈夫부子ᄌᆞ道도ㅣ至

지大대ᄒᆞ시니 天텬下하ㅣ 莫막能능容용이로소이다
顔안淵연이 曰왈不불容용이 何하病병이리오
然연後후에 見견君군子ᄌᆞㅣᄃᆡ니 楚초昭소
王왕이 興흥師ᄉᆞ迎영之지ᄒᆞ야 乃내得득至지
楚초ᄒᆞ시니 將장封봉以이書셔社샤地디七칠
百ᄇᆡᆨ里리어ᄂᆞᆯ 令령尹윤子ᄌᆞ西셔ㅣ 不불可가
ᄒᆡ다라

졔예가시니졔경공이쟝ᄎᆞᆺ계시밍시ᄉᆞ이
로ᄡᅦ뒤졉ᄒᆞ라ᄒᆞ거ᄂᆞᆯ공ᄌᆞㅣ노의도라오
신뒤뎡공이ᄡᅳ되나죵시아니ᄒᆞ다위에가

시샤쟝ᄎᆞᆺ딘의가실ᄉᆡ광을지나시니광사
ᄅᆞᆷ이일ᄌᆞ양호의모딘ᄇᆡ되엿던디라공ᄌᆞ
ㅣ얼골이양호과ᄀᆞᆺ거ᄂᆞᆯ그쳣더니임의면
ᄒᆞ시고위예도라오샤녕공위ᄒᆞᄂᆞᆫᄇᆡᄅᆞᆯ더
러이너기샤ᄇᆞ리고가시다조ᄅᆞᆯ지나송의
가샤뎨ᄌᆞ로더브러녜도ᄅᆞᆯ큰나모아ᄅᆡ니
기더시니환퇴그남글버히고ᄲᅧ혀ᄇᆞ리다
뎡의가신ᄃᆡ뎡사ᄅᆞᆷ이ᄀᆞᆯ오ᄃᆡ동녁문의사
ᄅᆞᆷ이이시니그니마요ᄀᆞᆺ고그목이고요ᄀᆞᆺ
고그엇기ᄌᆞ산ᄀᆞᆺ고허리로부터뻐아래ᄂᆞᆫ

우의게셔세치논밋디못ᄒᆞ고여외고병드러샹ᄉᆞ난집미갓다ᄒᆞ더라틴의가시고ᄯᅩ위예가샤장ᄎᆞᆺ셔녁흐로묘간ᄌᆞ롬보려ᄒᆞ더시니하슈의니ᄅᆞ러두명독과슌화의주겨쥭은쥴롤드ᄅᆞ시고ᄒᆞᆺ물을남ᄒᆞ샤탄식ᄒᆞ야ᄀᆞᆯᄋᆞ샤뒤아롬다온디라롤이너ᄅᆞ고너ᄅᆞ도다ᄂᆡ건너디아니홈이이명이라ᄒᆞ시고위로도라가시다틴의가시고치예가샤셥의갓더시니치로도라오시다초ㅣ사롬으로ᄒᆞ여곰빙문ᄒᆞ야오쇼셔ᄒᆞ거놀딘

과치티우드리ᄢᅴᄒᆞ야ᄌᆞᆯ오되공ᄌᆞㅣ초의
ᄡᅳ이면딘과치위티ᄒᆞ리라ᄒᆞ고셔로더브
러무리ᄅᆞᆯ발ᄒᆞ야들의ᄡᅥᆫ되공ᄌᆞㅣᄌᆞᆯᄋᆞ샤
되모시예닐러시되시도아니며법도아니
로되뎌너론들흘좃다ᄒᆞ니너도ㅣ그ᄅᆞ냐
네엇디이예ᄒᆞ리오ᄌᆞ공이ᄌᆞᆯ오되부ᄌᆞ의
도ㅣ지극히크시니텬하ㅣ능히용납디못
ᄒᆞ야ᄒᆞ노이다안연이ᄌᆞᆯ오되용납디못ᄒᆞᆷ
이엇지병이되리오그러ᄒᆞᆫ후의군ᄌᆞᄅᆞᆯ보
ᄂᆞㅣ이다초쇼왕이군ᄉᆞᄅᆞᆯ니르혀마ᄌᆞ이

에시러곰초의니ᄅᆞ시니쟝ᄎᆞᆺ셔쟈作칠ᄇᆡᆨ
니로ᄡᅢ봉ᄒᆞ려ᄒᆞ거ᄂᆞᆯ녕윤ᄌᆞ셔ㅣ가티아
니타ᄒᆞ다

孔공子ᄌᆞㅣ 反반于우衛위ᄒᆞ신대 季계康강子ᄌᆞㅣ 迎영歸귀魯노ᄒᆞ니 哀ᄋᆡ公공이 問문政졍ᄒᆞ되 終죵不블能능用용ᄒᆞ다 乃ᄂᆡ序셔書셔ᄒᆞ야 上샹自ᄌᆞ唐당虞우로 下하至지秦진穆목ᄒᆞ시고 刪산古고詩시三삼千쳔ᄒᆞ야 爲위三삼百ᄇᆡᆨ十십一일篇편ᄒᆞ시고 皆기絃현歌가之지ᄒᆞ시다 禮례樂악이 自ᄌᆞ此차可가述슐이러라 晩만而이

喜회易역ᄒᆞ샤序셔彖단象샹繫계辭ᄉᆞ說셜卦
괘文문言언ᄒᆞ시고讀독易역애韋위編편이三
삼絶졀이러라因인魯노史ᄉᆞ記긔ᄒᆞ야作작春츈
秋츄ᄒᆞ샤自ᄌᆞ隱은으로至지哀이十십二이公공
ᄒᆞ시고絶졀筆필於어獲획獜닌ᄒᆞ샤더筆필則즉
筆필ᄒᆞ시고削삭則즉削삭ᄒᆞ시니라游유夏하之지
徒도ㅣ不불能능贊찬一일辭ᄉᆞㅣ러라弟뎨子
ᄌᆞㅣ三삼千쳔人인애身신通통六뉵藝예者쟈
ㅣ七칠十십二이人인이러라年년이七칠十십
三삼而이卒졸ᄒᆞ시다

공ᄌᆡ위에도라오신ᄃᆡ계강ᄌᆡ마자노
의도라가니의공이졍ᄉᆞ로무로되ᄆᆞ춤ᄂᆡ
능히ᄡᅳ디아니ᄒᆞ다이예샹셔ᄅᆞᆯᄎᆞ례로ᄡᅳ
샤우호로당파우로부터아리로진목공의
니ᄅᆞ게ᄒᆞ시고녯시삼쳔을삭그샤삼ᄇᆡᆨ열
ᄒᆞᆫ편을ᄆᆡᆼᄀᆞᄅᆞ시고다거믄고노ᄅᆞ시고노
ᄅᆡ부르시니녜도과풍류일로부터가히던
ᄉᆞᆯ홀너라ᄂᆞᆺ게야듀역을됴히너기샤단과
샹과계ᄉᆞ과셜홰과문언을ᄎᆞ례로ᄡᅳ시고
쥬역을닐그시ᄆᆡ가족으로엿근거시세번

ᄂᆞᆫ쳐지더라노ᄉᆞ긔ᄅᆞᆯ인ᄒᆞ야츈추ᄅᆞᆯᄆᆡᆼ글
르샤은공으로브터ᄋᆡ공열두공의니르게
ᄒᆞ시고글ᄡᅳ기ᄅᆞᆯ닌ᄌᆞ브미그치샤ᄡᅳᆷ즉ᄒᆞ
면ᄡᅳ시고ᄭᅡᆷ즉ᄒᆞ면ᄭᅡ그시니ᄌᆞ유와ᄌᆞ
하의물이능히ᄒᆞᆫ말ᄉᆞᆷ도돕디못ᄒᆞ더라뎨
ᄌᆞㅣ삼쳔인에몸의여ᄉᆞᆺᄌᆡ조통ᄒᆞ니닐흔
두사ᄅᆞᆷ이러라나히닐흔세희죽으시다
子ᄌᆞ鯉리의字ᄌᆞᄂᆞᆫ伯ᄇᆡᆨ魚어ㅣ니무조卒졸ᄒᆞ고
孫손伋급의字ᄌᆞᄂᆞᆫ子ᄌᆞ思ᄉᆞㅣ니作작中듕庸
용다ᄒᆞ시 孟ᄆᆡᆼ子ᄌᆞᄂᆞᆫ其기門문人인也야ㅣ니名

명은軻가ㅣ오魯노孟밍孫손氏시之지後후ㅣ라
生싱於어離리추ᄒᆞ샤幼유被피慈ᄌᆞ母모三삼遷
쳔之지教교ᄒᆞ시고長쟝受슈業업子ᄌᆞ思ᄉᆞ之
지門문人인이러시니道도既긔通통애游유齊졔
梁냥不블用용이어늘退퇴與여萬만章쟝之지
徒도로難난疑의答답問문ᄒᆞ야作작七칠篇편
ᄒᆞ시다
아ᄃᆞ리의ᄌᆞᄂᆞᆫ빅어니일쥭고손ᄌᆞ급의ᄌᆞ
ᄂᆞᆫᄌᆞᄉᆞ니듕용을지으시ᄃᆞ밍ᄌᆞᄂᆞᆫ그문인
ᄒᆞ이니일홈은가ㅣ오노밍손시의후ㅣ라ᄎᆞ

의나샤어려셔ᄉᆞ랑ᄒᆞᄂᆞᆫ엄이세번올마가ᄅᆞ치믈니브시고ᄌᆞ라업을ᄌᆞᄉᆞ의문인의게비호더시니되임의통홈애졔와냥의노ᄅᆞ시되ᄡᅳ지아니ᄒᆞ거ᄂᆞᆯ물너와만댱의무리로더브러의심된뒤롤변난ᄒᆞ고뭇ᄂᆞᆫ거ᄉᆞᆯ뒤답ᄒᆞ야닐곱편을지으시다

老노子ᄌᆞ者쟈ᄂᆞᆫ楚초苦고縣현人인也야ㅣ니李니ᄂᆞᆫ姓셩이오名명은耳이오字ᄌᆞᄂᆞᆫ伯ᄇᆡᆨ陽양이오又우曰왈字ᄌᆞᄂᆞᆫ聃담이라爲위周쥬守슈藏장史ᄉᆞㅣ러니見견周쥬衰쇠ᄒᆞ고去거至지關

관이놀어闕관令녕尹윤喜희ㅣ曰왈子ᄌᆞㅣ將
장隱은矣의로다爲위我아著져書셔ᄒᆞ라ᄒᆞᆫ대乃내
著져道도德덕五오千쳔餘여言언而이去거ᄒᆞ다
其기後후에有유鄭뎡人인列녈禦어寇구와
蒙몽人인莊장周쥬ㅣ亦역爲위老노子ᄌᆞ之
지學학이러라莊장周쥬ㅣ著져書셔ᄒᆞ야倣모孔
공子ᄌᆞ而이誚쵸諸졔子ᄌᆞ焉언ᄒᆞ니라
노ᄌᆞᄂᆞᆫ초호현사ᄅᆞᆷ이니니ᄂᆞᆫ셩이오일홈
은이오ᄌᆞᄂᆞᆫ빅양이오任ᄀᆞᆯ온ᄌᆞᄂᆞᆫ담이라
쥬장딕흰ᄉᆞㅣ되엿더니쥬ㅣ쇠잔홈을보

고ᄇᆞ리고관의니ᄅᆞ러ᄭᅥ놀관녕윤희ᄅᆞᆯ오
뒤그뒤쟝ᄎᆞᆺ수므리로다나ᄅᆞᆯ위ᄒᆞ여글을
지으라ᄒᆞᆫ뒤이에도덕오쳔나믄말을짓고
가다그후에뎡사ᄅᆞᆷ녈어구와몽사람장쥬
ㅣ이셔ᄯᅩ노ᄌᆞ의학을ᄒᆞ더라장쥬ㅣ글을
지어공ᄌᆞᄅᆞᆯ업슈이너기고모단ᄌᆞᄅᆞᆯᄭᅮ지
즈니라
ᄂᆞᆫ姬희姓셩이니武무王왕의毋모弟뎨康
강叔숙을封봉之지所소封봉也야ㅣ라後후世셰
예至지春츈秋츄ᄒᆞ야有유靈녕公공ᄒᆞ니夫부人

인南남子ᄌᆞ之지亂난애子ᄌᆞ蒯괵聵오ㅣ欲
욕殺살南남子ᄌᆞㅣ가라不불果과ᄒᆞ야出츌奔분
ᄒᆞ다公공이卒졸ᄒᆞ거늘立닙蒯곽聵오之지子ᄌᆞ輒
텹ᄒᆞ니蒯곽聵오ㅣ入입ᄒᆞ이어늘輒텹이拒거之지
ᄒᆞ다子ᄌᆞ路로ㅣ與여其기難난ᄒᆞ이러니太ᄐᆡ子ᄌᆞ
之지臣신이以이戈과로擊격子ᄌᆞ路로斷단
纓영ᄒᆞ대子ᄌᆞ路로ㅣ曰왈君군子ᄌᆞㅣ死ᄉᆞ애
冠관不불免면이라ᄒᆞ고乃내結결纓영而이死ᄉᆞ
ᄒᆞ다衛위人인이醢혜子ᄌᆞ路로ㅣ어늘孔공子ᄌᆞ
ㅣ聞문之지ᄒᆞ시고命명覆복醢혜ᄒᆞ시다

위ᄂᆞᆫ희셩이니무왕의효엄의ᄂᆞᆫ아ᄋᆞ강슉
봉이봉ᄒᆞᆫ비라후셰츈츄의니ᄅᆞ러녕공이
이시니부인남ᄌᆞㅣ음난홈애ᄌᆞ괴오ㅣ남
ᄌᆞᄅᆞᆯ주기고져ᄒᆞ다가과연티못ᄒᆞ야ᄃᆞ라
ᄂᆞ다공이주거ᄂᆞᆯ괴오의아ᄃᆞᆯ텹을셰오니
괴오ㅣ드러오거ᄂᆞᆯ텹이막다ᄌᆞ로ㅣ그난
의춤예ᄒᆞ엿더니뎌ᄌᆞ의신ᄒᆞ창으로써ᄌᆞ
로ᄅᆞᆯ쳐갓긴을그ᄎᆞᆫ뒤ᄌᆞ로ㅣ골오뒤군ᄌᆞ
죽을제갓ᄉᆞᆯ벗지아니ᄒᆞᄂᆞ니라ᄒᆞ고이에
갓긴을미고죽다위사ᄅᆞᆷ이ᄌᆞ로ᄅᆞᆯ젓ᄃᆞ므

놀공ᄌᆞㅣ 드르시고 명ᄒᆞ야 져술업티라ᄒᆞ

시다

戰젼國국時시예 子ᄌᆞ思ᄉᆞㅣ 居거於어衛위

ᄒᆞ샤 言언苟구變변의 可가將쟝ᄒᆞ신디 衛위侯후

[illegible] 日왈 變변이 嘗샹爲위吏니ᄒᆞ야 賦부於어民

민에 食식人인二이鷄계子ᄌᆞ故고로 不블用

용ᄒᆞ노이다 子ᄌᆞ思ᄉᆞㅣ 日왈 聖셩人인用용人인

이 猶유匠쟝之지用용木목ᄒᆞ야 取취其기所소

長쟝ᄒᆞ고 棄기其기所소短단故고로 杞긔梓지ㅣ

連년抱포而이有유數슈尺쳑之지朽후ㅣ라도

良양工공은不불棄기ᄒᆞ나今금君군이處처
戰뎐國국之지世셰而이以이二이卵란으로棄
기干간城셩之지將쟝ᄒᆞ시니此ᄎᆞᄂᆞᆫ不불可가
使ᄉᆞ聞문於어隣린國국也야ㅣ로소이다衛위侯
후ㅣ言언計계非비是시而이君군臣신和화
者쟈ㅣ如여出츌一일口구ㅣ되어子ᄌᆞ思ᄉᆞㅣ
曰왈君군之지國국事ᄉᆞㅣ將쟝日일非비矣
의ㅣ로다君군이出츌言언ᄒᆞ야自ᄌᆞ以이爲위是시
而이卿경大ᄃᆡ夫우ㅣ莫막敢감矯교其기非
비ᄒᆞ고卿경大ᄃᆡ夫우ㅣ出츌言언ᄒᆞ야自ᄌᆞ以이

爲위是시而이士ᄉᆞ庶셔人인이莫막敢감矯
교其기非비ᄒᆞ니詩시曰왈具구曰왈予여聖셩
이라ᄒᆞ니誰슈知지烏오之지雌ᄌᆞ雄웅이고ᄒᆞ다더周
쥬之지諸졔侯후에惟유衛위ㅣ最최後후亡
망ᄒᆞ니至지秦진幷병天텬下하爲위帝뎨ᄒᆞ야二
이世셰始시廢폐君군角각ᄒᆞ야爲위庶셔人인
ᄒᆞ다

견국衛위예ᄌᆞᄉᆞㅣ위예겨시샤구변의가히
쟝슈홈을니ᄅᆞ신디위후ㅣ골오디변이일
즉원이되야빅셩의게공세부됴제사ᄅᆞᆷ의

두ᄃᆞᆰ의알ᄅᆞᆯ머근고로ᄡᅳ지아니ᄒᆞᄂᆞ니ᄃᆞ
ᄌᆞᄉᆞㅣᄀᆞᆯᄋᆞ샤ᄃᆡ셩인의사ᄅᆞᆷᄡᅳ미쟝인의
나모ᄡᅳᆷᄀᆞᆺᄐᆞ야그긴ᄇᆞᄅᆞᆯ가지고그ᄃᆡ론ᄇᆞ
ᄅᆞᆯᄇᆞ리ᄂᆞᆫ고로긔과지안음이니오면두어
ᄌᆞ셕은ᄃᆡ이실디라도어딘쟝인ᄂᆞᆫᄇᆞ리디
아니ᄒᆞᄂᆞ니이졔님금이젼국셰예쳐ᄒᆞ야
두ᄃᆞᆰ의알노ᄡᅢ방픠과셩ᄀᆞᆺᄒᆞᆫ쟝슈ᄅᆞᆯᄇᆞ리
시니이ᄂᆞᆫ가히ᄒᆞ여곰이웃ᄂᆞ라희들리지
못ᄒᆞᆯ소이ᄃᆞ위후ㅣ말ᄉᆞᆷ과계귀올티아니
ᄒᆞᄃᆡ모ᄃᆞᆫ신ᄒᆞ화답ᄒᆞᆷ이ᄒᆞᆫ입으로남ᄀᆞᆺ거

놈ᄌᆞᄉᆞㅣ ᄀᆞᆯᄋᆞᄉᆞ되님금의나라일이장ᄎᆞᆺ
날로그르리로ᄃᆞ님금이말ᄉᆞᆷ을ᄂᆡ여스스
로베올ᄒᆞᆯ와ᄒᆞ거ᄂᆞᆯ경과태우ㅣ감히그그
룸을고치리업고경과퇴우ㅣ말을ᄂᆡ여스
스로배올ᄒᆞᆯ와ᄒᆞ거ᄂᆞᆯ션비과ᄇᆡᆨ셩이감히
그그룸을고치리업ᄉᆞ니모시예ᄀᆞᆯ오ᄃᆡ다
ᄀᆞᆯ오ᄃᆡᄂᆡ어질라ᄒᆞ니뉘가마괴암과수ᄅᆞᆯ
알ᄭᅩᄒᆞ니이ᄃᆞ즛제후에다만위ᄆᆞ장후에
망ᄒᆞ니진이텬ᄒᆞᄅᆞᆯ아오려뎨되미니루러
이예비로소님금각을례ᄒᆞ야ᄇᆡᆨ셩을삼다

[傳]은 姬희姓셩이 周쥬宣션王왕의 庶셔弟졔 桓환公공友우之지 所소封봉也야ㅣ라 桓환公공의 子ᄌᆞ 武무公공이 與여其기子ᄌᆞ 莊장公공으로 並병爲위周쥬司ᄉᆞ徒도ᄒᆞ니 數슈世셰예 至지聲셩公공ᄒᆞ야 相샹子ᄌᆞ産산ᄒᆞ니 子ᄌᆞ産산者쟈ᄂᆞᆫ 公공族족이오 國국氏시오 名명은 僑교ㅣ라 孔공子ᄌᆞㅣ 過과鄭뎡ᄒᆞ실서 與여子ᄌᆞ産산으로 如여兄형弟뎨 云운이러라 穆목襄양 以이來ᄅᆡ로 鄭뎡이 無무歲셰不블被리晉딘楚초之지兵병이러니 子ᄌᆞ産산이 受슈之지ᄒᆞ야 以이

禮녜로自ᄌᆞ固고ᄒᆞ니雖슈晉딘楚초之지暴포ㅣ라도不블能능加가焉언이러라鄭뎡이至지周쥬威위烈녈王왕時시ᄒᆞ야君군乙을이為위韓ᄒᆞᆫ哀ᄋᆡ侯후의所소滅멸ᄒᆞ니韓한이徒ᄉᆞ都도之지ᄒᆞ다

뎡은희셩이니쥬션왕의열아ᄋᆞ환공우의봉ᄒᆞ비라환공의아ᄃᆞᆯ무공이그아ᄃᆞᆯ장공으로더브러홈믜쥬ᄉᆞ도ㅣ되다두어디예셩공의니르러ᄌᆞ산을졍승삼으니ᄌᆞ산은님금의권당이오나라셩이오일홈은교ㅣ

라공ᄌᆡ뎡을디나실ᄉᆡᄌᆞ산으로더브러
형과아ᄋᆞ갓다니ᄅᆞ더라목공과양공으로
ᄡᅵ음으로뎡이ᄒᆡ마ᄃᆞ진과초의병을닙디
아닐적이업더니ᄌᆞ산이바ᄃᆞ녜로ᄡᅵ스스
로긋게ᄒᆞ니비록딘과초ㅣ모디러도능히
더ᄒᆞ디못ᄒᆞ더라뎡이쥬위녈왕셰예니ᄅᆞ
러님금을이한이후의멀효벼되니한이옴
마도읍ᄒᆞ다

十십九구史ᄉ畧략諺언解ᄒᆡ第뎨一일之지一일

十九史略諺解 二

十십九구史ᄉᆞ略략諺언解ᄒᆡ第뎨一일之지二이

晉진은 姬희姓셩이니 成셩王왕의 弟뎨 唐당叔
슉虞우之지所소封봉也야ㅣ라 成셩王왕이 幼
유에 與여叔슉虞우로 戲희ᄒᆞ샤 削삭桐동葉엽
爲위圭규曰왈 以이此ᄎᆞ로 封봉若약ᄒᆞ리라ᄒᆞ신대
佚일이 請청擇ᄐᆡᆨ日일이어ᄂᆞᆯ 王왕이 曰왈吾오
ㅣ與여之지戲희耳이니라 佚일이 曰왈天텬子
不블言언無무戲희言언이라ᄒᆞᆫ대 遂슈封봉唐당ᄒᆞ다 後
后후世셰에 至지文문公공ᄒᆞ야 霸패諸졔侯후ᄒᆞ다
文문公공의 名명은 重듕耳이니 獻헌公공之

지次ᄎᆞ子ᄌᆞ也야ㅣ라獻헌公공이嬖폐於어驪
려姬희ᄒᆞ야殺살太태子ᄌᆞ申신生ᄉᆡᆼ而이伐벌
重듕耳이於어蒲포ㅣ어늘重듕耳이ㅣ出츌奔
분ᄒᆞ야十십九구年년而이後후애反반國국ᄒᆞ다
딘은희셩이니셩왕의아ᄋᆞ당슉우의봉호
배라셩왕이어려실제슉우로더브러희롱
ᄒᆞ샤머귀닙흘사겨홀을밍그라ᄀᆞᆯᄋᆞ샤ᄃᆡ
일로배너를봉ᄒᆞ리라ᄉᆞ일이쳥ᄒᆞ야날을
ᄀᆞᆯᄒᆡ거ᄂᆞᆯ왕이ᄀᆞᆯᄋᆞ샤ᄃᆡ내더브러희롱ᄒᆞ
더니라일이ᄀᆞᆯ오ᄃᆡ텬ᄌᆞᄂᆞᆫ희롱ᄒᆞᄂᆞᆫ말이

업다ᄒᆞᆫ대드듸여당의봉ᄒᆞ다홋다예문공
의니르러졔후의웃듬되다문공의일홈은
둥이니헌공의버금아ᄃᆞᆯ이라헌공이려희
의게혹ᄒᆞ야태ᄌᆞ신싱을쥬기고듕이롤포
의가치거놀듕이나다라나열아홉ᄒᆡ후에
나라희도라오다
甞샹餒뢰於어曹조ᄂᆞᆯㅣ어介개子ᄌᆞ推츄ㅣ割
할股고以이食ᄉᆞ之지니러及급歸귀ᄒᆞ야賞상從
죵亾망者쟈狐호偃언趙됴衰최顚뎐頡힐魏
위犨쥬而이不블及급子不推츄ᄒᆞ니子不推츄

之지從죵者쟈ㅣ懸현書셔宮궁門문曰왈有
유龍룡矯교矯교ᄒᆞ야頃경失실其기所소ㅣ어늘
五오蛇샤ㅣ從죵之지ᄒᆞ야周쥬流류天텬下하
ᄒᆡ로龍룡飢긔乏핍食식이어늘一일蛇샤ㅣ刲
규股고ᄃᆡ로龍룡反반於어淵연ᄒᆞ야安안其기
壤양土토ᄒᆞ니四ᄉᆞ蛇샤ㅣ入입穴혈ᄒᆞ야皆기有
유處쳐所소ᄃᆡ로一일蛇샤ㅣ無무穴혈ᄒᆞ야號
호于우中듕野야ᄃᆡ로公공이曰왈嘻ᄒᆡ라寡
과人인之지過과也야ㅣ라ᄒᆞ고使ᄉᆞ人인으로求구
之지不불得득이러니隱은緜면上샹山산中듕

ᄂᆞᆯ이어焚분其기山산ᄒᆞᆫ대子ᄌᆞ不推츄ㅣ死ᄉᆞ焉언
ᄒᆞ니後후人인이爲위之지寒한食식ᄒᆞ다文문公
공이環한縣면山산田뎐封봉之지ᄒᆞ고號호曰
왈介개山산이라ᄒᆞ다
일즉조의가주리거ᄅᆞᆯ개ᄌᆞ츄ㅣᄃᆞ리ᄅᆞᆯ베혀
ᄇᆡ머겻더니도라옴애미처조차도망ᄒᆞ니
호언과도최과뎐힐파위죠을샹ᄒᆞ고ᄌᆞ츄
의게밋디아니ᄒᆞ니ᄌᆞ츄의조찻ᄂᆞᆫ니글을
대궐문의ᄃᆞ라골오되룡이여머리ᄅᆞᆯ취
혀들어져근ᄃᆞᆺ그곳돌일헛거ᄂᆞᆯ다ᄉᆞᆺ비암

이조차뎐하의두로흐르도다룡이주려머
글거시업거ᄂᆞᆯᄒᆞᆫ비암이다리ᄅᆞᆯ버희도다
룡이모싀도라와그ᄯᅡᄒᆞᆯ편안이ᄒᆞ니녯비
암이궁긔드려다곳이이쇼ᄃᆡᄒᆞᆫ비암이궁
기업서둉야의셔우ᄂᆞᆫ쇼다공이골오ᄃᆡ슬
프다내허믈이로다ᄒᆞ고사ᄅᆞᆷ으로ᄒᆞ여곰
구ᄒᆞ야엇디못ᄒᆞ엿더니면샹뫼가온대숨
거ᄂᆞᆯ그뫼ᄒᆞᆯ불디ᄅᆞᆫ뒤조츄ㅣ주그니ᄒᆞᆫ사
ᄅᆞᆷ이위ᄒᆞ야한식ᄒᆞ다문공이면산바ᄐᆞᆯ둘
ᄂᆡ봉ᄒᆞ고일홈ᄒᆞ야골오ᄃᆡ개산이라ᄒᆞ다

文문公공이卒졸ᄒᆞ다其기後후ㅣ遂슈世셰爲
위霸패ᄒᆞ다歷력襄양公공靈령公공成셩公공
景경公공厲려公공ᄒᆞ야至지悼도公공ᄒᆞ야霸패
業업이復부盛셩ᄒᆞ다又우歷력平평公공昭쇼
公공頃경公공ᄒᆞ야公공室실이益익弱약而이
六뉵卿경范범氏시智디氏시中듕行항氏시
趙됴氏시魏위氏시韓한氏시ㅣ始시大대ᄒᆞ다
문공이죽다그후ㅣ드듸여ᄃᆡᄃᆡ로웃듬이
되다양공과령공과셩공과경공과려공을
디나도공의니르러웃듬되ᄂᆞᆫ업이다시셩

ᄒᆞ다ᄯᅩ평공과쇼공과경공을디나나라히
더옥약ᄒᆞ야여섯경범시과디시과듕항시
과됴시과위시과한시비로소크다
歷력定뎡公공ᄒᆞ야至지出츌公공ᄒᆞ야智디氏시
ㅣ與여趙됴魏위韓한氏시로分분范범中듕
行항氏시ᄂᆞᆯ어公공이怒노ᄒᆞ야四ᄉᆞ卿경이反반
攻공公공ᄒᆞ니公공이出츌奔분而이死ᄉᆞᄒᆞ다哀
이公공이立닙ᄒᆞ니趙됴魏위韓한氏시ㅣ又우
滅멸智디氏시而이分분之디ᄒᆞ다
뎡공을디나츌공의니르러디시ㅣ됴시과

위시과한시로터브러범시과등항시를논호거늘공이노호대넷경이도로혀공을티니공이드라나죽다이공이녀니됴시과위시과한시ㅣ또디시를멸ᄒᆞ고논호다

幽유公공이立닙ᄒᆞ야晋진이獨독有유絳강曲곡沃옥이오餘여는다入입趙됴魏위韓한氏시ᄒᆞ니號호爲위三삼晋진이라烈렬公공이立닙ᄒᆞ니三삼卿경이以이周쥬威위烈열王왕命명으로爲위侯후ᄒᆞ다又우歷력孝효公공ᄒᆞ야至지靖정公공ᄒᆞ야魏위武무侯후韓한哀이侯후趙됴

敬경侯후ㅣ共공廢폐靖졍公공ᄒᆞ야爲위家가
人인而이分분其기地디ᄒᆞ晉진이絶졀不블
祀ᄉᆞᄒᆞ니
유공이셔논딘이홀로강파곡파옥을두고
나믄이다됴시과위시과한시의게드려시
디일홈이셋진이라텰공이셔니셋경이쥬
위렬왕명으로벼제후ㅣ되다또효공을디
나졍공의니르러위무후과한의후과됴경
후ㅣ효가자로령공을폐ᄒᆞ야집사ᄅᆞᆷ를삼
고그ᄯᅡ흘논호니딘이긋처제ᄉᆞᄒᆞ디못ᄒᆞ

다

陳딘은嬀규姓셩이니虞우舜슌之지後후胡호公공滿만之지所소封봉也야라周쥬武무王왕이求구而이封봉之지ᄒᆞ시後후世셰예至지春츈秋츄ᄒᆞ야有유公공子ᄌᆞ不블完완者쟈ㅣ出출奔분而이仕ᄉᆞ於어齊졔ᄒᆞ니陳딘後후ㅣ爲위楚초惠혜王왕의所소滅멸而이完완之지後후ㅣ遂슈有유大대於어齊졔ᄒᆞ야爲위田뎐氏시다ᄒᆞ

딘은규셩이니우슌의후호공만의봉ᄒᆞᆫ배

라쥬무왕이구ᄒᆞ야봉ᄒᆞ시다후셰예츈추의니르러공조완이이셔ᄃᆞ라나졔예벼ᄉᆞᆯᄒᆞ더니뎐의후ㅣ초혜왕의멸ᄒᆞᆫ배되고완의후ㅣ드듸여졔예큰뎐시되다

齊桓公ᄂᆞᆫ 姜강姓셩이니 太태公공望망呂려尙샹之지所소封봉也야ㅣ라 後후世셰예 至지桓환公공ᄒᆞ야 覇패諸졔侯후ᄒᆞ니 五오覇패예 桓환公공의 爲위始시ᄒᆞ니 名명은 小쇼白ᄇᆡᆨ이라 兄형襄양公공이 無무道도ㅣ어ᄂᆞᆯ 群군弟뎨恐공禍화及급ᄒᆞ야 子ᄌᆞ糾규ㅣ 奔분魯노ᄒᆞ니 管관仲듕이

傅부之지ᄒᆞ고小쇼白ᄇᆡᆨ이奔분莒거ᄒᆞ니鮑포叔
숙이傅부之지ᄒᆞ다
졔ᄂᆞᆫ강셩이니태공망ᄐᆡ샹의봉ᄒᆞᆫ배라후
셰예환공의니르러제후의ᄋᆞᆺ듬되다다ᄉᆞᆺ
ᄋᆞᆺ듬에환공이비로소미되니일홈은쇼ᄇᆡᆨ
이라형양공이되엽거ᄂᆞᆯ모ᄅᆞᆫ야이홰미츌
가두려조규ㅣ노로ᄃᆞ라나니관듕이돕고
쇼ᄇᆡᆨ이게로ᄃᆞ라나니포숙이돕다
襄양公공이爲위彔티無무知디의所소弑시
ᄒᆞ고無무知디ㅣ亦역爲위人인의所소殺살이어

뎨齊졔人인이名쇼小쇼白빅於어莒게而이
魯노ㅣ亦역發발兵병送송糾규ᄒᆞᆯ시管관仲듕
이常샹遮챠莒게道도ᄒᆞ야射셕小쇼白빅中듕
帯디鉤규ㅣ러小쇼白빅이先션至지齊뎨而
이立닙ᄒᆞ니鮑포叔슉牙애ㅣ薦쳔管관仲듕爲
위政졍ᄒᆞ대公공이置치怨원而이用용之지ᄒᆞ다
仲듕은字ᄌᆞㅣ라夷이吾오ㅣ常샹與여鮑포叔
슉으로賈고ᄒᆞ야分분利리에多다自ᄌᆞ與여ᄒᆞ되鮑
포叔슉이不블以이爲위貪탐은知디仲듕의
貧빈也야ㅣ오常샹謀모事ᄉᆞ窮궁困곤ᄒᆞ되鮑포

叔숙이不불以이爲위愚우ᄂᆞᆫ知디時시有유
利니不불利니也야ㅣ오嘗샹三삼戰젼三삼走
주ᄒᆞ되鮑포叔숙이不불以이爲위㤼겁은知디
仲듕의有유老노母모也야ㅣ라니仲듕이曰왈
生ᄉᆡᆼ我아者쟈ᄂᆞᆫ父부母모也야ㅣ오知디我아
者ᄌᆞᄂᆞᆫ鮑포子ᄌᆞ也야ㅣ니라ᄒᆞ니桓환公공이九
규合합諸졔侯후ᄒᆞ야一일匡광天텬下하ㅣ皆
미仲듕之지謀모ㅣ니一일則즉仲듕父보ㅣ오二
이則즉仲듕父보ㅣ니라ᄒᆞ니
양공이아ᄋᆞ무디의주긴배되고무디또사

ᄅᆞᆷ의주긴배되거ᄂᆞᆯ졔ᄉ사ᄅᆞᆷ이쇼ᄇᆡᆨ을게
예가부르고노ㅣᄯᅩ병을발ᄒᆞ야규ᄅᆞᆯ보낼
ᄉᆡ관듕이일즉게길ᄒᆞᆯ마가쇼ᄇᆡᆨ을ᄡᅩ와셧
돈을마쳣더니쇼ᄇᆡᆨ이몬져제예니르러셔
니포슉아ㅣ관듕을천거ᄒᆞ야졍승을삼은
대공이원망을바리고ᄡᅳ다듕은ᄌᆞㅣ라이
오ㅣ일즉포슉으로더브러쟝ᄉᆞ질ᄒᆞ야니
ᄂᆞᆫᄒᆞᆯ제스스로주기ᄅᆞᆯ만히ᄒᆞᄃᆡ포슉이ᄡᅥ
탐ᄒᆞ다아니ᄒᆞᆷ은듕이가난ᄒᆞᆷ을알옴이오
일즉일을ᄭᅬᄒᆞ야궁곤ᄒᆞᄃᆡ포슉이ᄡᅥ어리

다아니홈믄쎄니ᄒᆞ며니ᄒᆞ디아니홈이이
시믈알오미오일즉세번ᄡᅡ화세번ᄃᆞ라나
되포슉이ᄡᅦ겁ᄒᆞᆫ다아니홈은듕의늘근어
미이시믈알오미니라듕이ᄀᆞᆯ오ᄃᆡ나ᄅᆞᆯ나
ᄒᆞ니ᄂᆞᆫ아비과어미오나ᄅᆞᆯ아ᄂᆞ니ᄂᆞᆫ포ᄌᆞ
ㅣ라ᄒᆞ더라환공이졔후ᄅᆞᆯ다ᄉᆞ려합ᄒᆞ야
텬하ᄅᆞᆯᄒᆞᆫ골ᄀᆞ티셩히홈의ㅣ다듕의ᄡᅴ니ᄒᆞᆫ
나히면듕의ᄡᅴ오돌히면듕의ᄡᅴ라ᄒᆞ더라
仲듕이病병놉에이桓환公공이問문羣군臣신
이諸슈可가相상고易역牙아ㅣ何하如여오

仲듕이曰왈殺살子ᄌᆞ以이食ᄉᆞ君군ᄒᆞ니非비人인情졍이니不블可가近근이니이다開ᄀᆡ方방이何하如여오曰왈倍비親친以이適뎍君군ᄒᆞ니非비人인情졍이니不블可가近근이니이다蓋ᄀᆡ開ᄀᆡ方방은故고衛위公공子ᄌᆞ來ᄅᆡ奔분者쟈也야ㅣ라竪슈刀도ㅣ何하如여오曰왈自ᄌᆞ宮궁以이適뎍君군ᄒᆞ니非비人인情졍이니不블可가近근이니이다仲듕이死ᄉᆞ커ᄂᆞᆯ公공이不블用용仲듕言언ᄒᆞ고卒졸近근之지ᄒᆞ니三삼子ᄌᆞㅣ專젼權권ᄒᆞ다公공이內ᄂᆡ寵춍이如여夫부人인

者쟈ㅣ 六뉵이니 皆개有유子ᄌᆞㅣ러라 公공이 薨훙커ᄂᆞᆯ 五오公공子ᄌᆞㅣ 爭징立닙ᄒᆞ야 相샹攻공ᄒᆞ니 公공尸시在ᄌᆡ床상ᄒᆞ야 無무殯빙斂념者쟈ㅣ 六뉵十십七칠日일이오 尸시蟲튱이 出츌於어戶호ㅣ러라

듕이병들거ᄂᆞᆯ환공이무로ᄃᆡ모든신해뉘가히졍승ᄒᆞ얌즉ᄒᆞ고역아ㅣ엇더ᄒᆞ뇨듕이ᄀᆞᆯ오ᄃᆡᄌᆞ식을주겨님금을머기니인졍이아니니가히갓가이못ᄒᆞᆯ거시니이다ᄀᆡ방이엇더ᄒᆞ뇨ᄀᆞᆯ오ᄃᆡ어버이ᄅᆞᆯᄇᆡ반ᄒᆞ

고ᄇᆡ님금의게가니인졍이아니니가히갓
가이못ᄒᆞᆯ거시니이다개미방은녜위공ᄌᆞ
ㅣ두라나온쟈ㅣ라슈도ㅣ엇더ᄒᆞ뇨ᄀᆞᆯ오
뒤스스로고쟈ㅣ되여ᄇᆡ님금의게가니인
졍이아니니가히갓가이못ᄒᆞᆯ거시니이다
듕이죽거ᄂᆞᆯ공이듕의말을쓰디아니ᄒᆞ고
ᄆᆞᄎᆞᆷ내갓가이ᄒᆞ니세사ᄅᆞᆷ이권을오로ᄒᆞ
다공이안흐로ᄉᆞ랑ᄒᆞᄂᆞ니부인ᄆᆞᄐᆞ니여
ᄉᆞ시니다ᄌᆞ식이잇더라공이죽거ᄂᆞᆯ다ᄉᆞᆺ
공ᄌᆞㅣ녀기ᄅᆞᆯ두ᄐᆞ와서로치니공의주김

이평상의이셔빙소ᄒᆞ고념솝몯ᄒᆞ미예숀
닐에오주검의버려지밧문의나오더라
自ᄌᆞ桓환公공으로八팔世셰예至지景경公공
ᄒᆞ야有유晏안子ᄌᆞ者쟈ㅣ事ᄉᆞ之지ᄒᆞ니名명은
嬰영이오字ᄌᆞᄂᆞᆫ平평仲듕이라以이節졀儉검力
녁行힝으로重듕於어齊졔ᄒᆞ니一일狐호裘구ㅣ
三삼十십年년이오豚돈肩견이不불掩엄豆두
ᄃᆡ로齊졔國국之지士ᄉᆞㅣ待ᄃᆡ以이擧거火
화者쟈ㅣ七칠十십餘여家가라러
환공으로브터여ᄃᆞᆲᄃᆡ예경공의니르러안

ᄌᆞㅣ 이여셥기니 일홈은 영이오 ᄌᆞᄂᆞᆫ 평듕
이라 존졀ᄒᆞ고 검박ᄒᆞ고 힘ᄡᅥ 힝홈으로ᄡᅥ
졔예 듕ᄒᆞ니 ᄒᆞᆫ 여오 갓오시 셜흔 ᄒᆡ오 돗뒤
다리 ᄀᆞ기 뎝시롤 ᄀᆞ리오디 못호ᄃᆡ 졧나라
션비 기ᄃᆞ려 ᄡᅥ 블 다혀 밥 지으리 널흔 나므
집이러라

晏안子ᄌᆞㅣ 出츌ᄒᆞᆯ새 其기御어之지妻쳐ㅣ 從
종門문間간ᄋᆞ로 窺규其기夫부ᄒᆞ니 擁옹大대蓋
개ᄒᆞ고 策ᄎᆡᆨ駟ᄉᆞ馬마ᄒᆞ야 意의氣긔揚양揚양自
ᄌᆞ得득이러라 旣긔而이歸귀ᄒᆞ어늘 妻쳐ㅣ 請청去

거曰왈晏안子ᄌᆞ눈身신相샹齊졔國국ᄒᆞ고名
명顯현諸졔侯후ᄒᆞ되觀관其기志지ᄒᆞ니常샹有
유以이自ᄌᆞ下하ᄂᆞᆯㅣ어子ᄌᆞ눈爲위人인僕복
御어ᄒᆞ야自ᄌᆞ以이爲위足죡ᄒᆞ니妾쳡이是시以
이로求구去거也야라ᄒᆞ노御어者쟈ㅣ乃내自
ᄌᆞ抑억損손ᄂᆞᆯ이어晏안子ᄌᆞㅣ怪괴而이問문
之지ᄒᆞᆫ대以이實실로對ᄃᆡᄒᆞ니薦쳔爲위大태夫
우ᄒᆞ니

안ᄌᆞㅣ나갈시그어거ᄒᆞᄂᆞ의안해문밧이
를조차그지아비를엿보ㅣ큰일산을바티

고녯말을채텨ᄯᅳᆺ과긔운이양양히ᄌᆞ득ᄒᆞᆫ
톄ᄒᆞ더라이윽고도라오거ᄂᆞᆯ안해나가믈
쳥ᄒᆞ여ᄭᅮᆷ오뒤안ᄌᆞᆫ몸이졧나라희졍승
이되엿고일홈이졔후의나타나되그ᄯᅳ들
보니샹해ᄲᅢ스스로ᄂᆞ리미잇거ᄂᆞᆯ그뒤ᄂᆞᆫ
사ᄅᆞᆷ의죵수리모ᄂᆞ니되여셔스스로ᄲᅢ죡
ᄒᆞᆫ쳬ᄒᆞ니쳡이일노ᄲᅢ나가믈구ᄒᆞ노라어
거ᄒᆞᄂᆞᆫ쟈ㅣ이에스스로긋쳐손ᄒᆞ거ᄂᆞᆯ안
ᄌᆞㅣ고이히너겨무로ᄃᆡ실로ᄲᅢ더답ᄒᆞ니
텬거ᄒᆞ야태우ᄅᆞᆯ삼다

公공이使ᄉᆞ晏안子ᄌᆞ로之지晉진ᄒᆞᆫ대與여叔
숙向향으로私ᄉᆞ語어ᄒᆞ야以이爲위齊졔政졍이
必필歸귀陳딘氏시라ᄒᆞ더니如여其기言언ᄒᆞ다景
경公공後후五오世셰예至지康강公공ᄒᆞ야田
뎐和화ㅣ受슈周쥬安안王왕命명ᄒᆞ야爲위侯
후ᄒᆞ고遷쳔康강公공海ᄒᆡ濱빈ᄒᆞ야以이死ᄉᆞᄒᆞ니
姜강氏시ㅣ遂슈絶졀不블祀ᄉᆞᄒᆞ다

공이안ᄌᆞ로ᄒᆞ여곰진에간대숙향으로더
브러ᄉᆞᄉᆞ말ᄒᆞ야뻬졧나라졍ᄉᆡ반ᄃᆞ시딘
시의게도라가리라ᄒᆞ더니그말ᄀᆞᆺ다경공

후라ᄉᆞᆫ디예 강공의 니르러 텬하ㅣ 주안왕 명을 바다 졔후ㅣ 되고 강공을 바다마의 음겨 배주그니 강시드듸여 굿쳐뎨ᄉᆞ티 못ᄒᆞ다

田뎐氏시

齊졔者쟈ᄂᆞᆫ 本본은 嬀규姓셩ㅣ이 故고 陳딘厲녀公공佗타의 子ᄌᆞ 完완之지後후也야라 完완이 奔분齊졔ᄒᆞ야 爲위陳딘氏시ㅣ러 後후에 又우 以이 陳딘氏시로 爲위田뎐氏시ᄒᆞ 完완이 事ᄉᆞ齊졔桓환公공ᄒᆞ야 爲위工공正졍ㅣ이러 卒졸ᄒᆞ거ᄂᆞᆯ 謚시를 敬경仲듕ᄒᆞ이다라 五오世

셰에至지釐희子ᄌᆞ乞긔ᄒᆞ야事ᄉᆞ齊졔景경公
공ᄒᆞ야爲위大태夫우ᄒᆞ야其기收슈賦부稅셰於
어民민애以이小쇼斗두로受슈之지ᄒᆞ고其기
粟속을予여民민애以이大대斗두ᄒᆞ야行ᄒᆡᆼ陰
음德덕於어民민而이公공이弗블禁금ᄒᆞ니由
유此ᄎᆞ로得득齊졔衆즁ᄒᆞ야乞긔ᄭᅴ專젼政졍
ᄒᆞ다卒졸애子ᄌᆞ不블成셩子ᄌᆞ不블恒항이弑시簡간公
공ᄒᆞ고立닙平평公공ᄒᆞ니封봉邑읍이大대於어
公공의所소食식이러라
뎐시졔ᄂᆞᆫ본은규셩이니톄딘려공타의아

놀완의휘라완이졔예ᄃᆞ라나딘시되엿더
니후에ᄯᅩ딘시로ᄲᅢ뎐시되다완이졔환공
을셥겨공졍이되엿더니죽거놀시호ᄅᆞᆯ경
둥이라ᄒᆞ다다ᄉᆞᆺᄃᆡ예희조긔에니르러졔
경공을셥겨태우ㅣ되야그공셰을뵈셩의
게바들제자근말로밧고그곡셕을뵈셩을
줄제큰말노ᄲᅢᄒᆞ야그우흔덕을뵈셩의게
힝호ᄃᆡ공이금지치안니ᄒᆞ니일로말미암
아졔둥을어더긔ㅣ졍ᄉᆞᄅᆞᆯ오로ᄒᆞ다죽거
놀아둘셩조항이간공을주기고평공을셰

오니 봉효고 올이 공의 먹논 바애 셔ᄀᆞᄃᆞ라 恒ᄒᆞᆼ이 卒졸ᄒᆞ거ᄂᆞᆯ 襄양子ᄌᆞ盤반이 立닙ᄒᆞ야 與여韓한趙됴魏위로 通통使ᄉᆞᄒᆞ야 蓋개三삼家가ㅣ 且챠有유晉진而이田뎐氏시ㅣ 且챠有유齊졔也야ㅣ러라 歷력莊장子ᄌᆞ白ᄇᆡᆨᄒᆞ야 至지太태公공和화ᄒᆞ야 遂슈以이周쥬安안王왕命명으로 爲위侯후ᄒᆞ니 卒졸ᄒᆞ거ᄂᆞᆯ 子ᄌᆞ桓한公공午오ㅣ 立닙ᄒᆞ니 卒졸ᄒᆞ거ᄂᆞᆯ 子ᄌᆞ威위王왕因인齊졔ㅣ 立닙ᄒᆞ야 初초애 不불治티ᄒᆞ니 諸졔侯후ㅣ 皆ᄀᆡ來ᄅᆡ伐벌ᄒᆞ더니 八팔年년에 楚초ㅣ 大대發발兵

병ᄒᆞ야 加가齊졔어ᄂᆞᆯ 齊졔ㅣ 使ᄉᆞ淳슌于우髡곤
으로 請쳥求구于우趙됴ᄒᆞᆯᄉᆡ 齎지金금百ᄇᆡᆨ斤근
과 車거馬마十십駟ᄉᆞᄒᆞᆫ대 髡곤이 仰앙天텬大
대笑쇼ㅣ어ᄂᆞᆯ 王왕이 曰왈 先션生ᄉᆡᆼ이 少쇼之
지乎호아 髡곤이 曰왈 臣신이 見견道도傍방
애 有유穰양田뎐者쟈ㅣ 操조一일豚돈蹄뎨
와 酒쥬一일壺호ᄒᆞ야 祝츅曰왈甌구窶루ㅣ 滿
만篝구ᄒᆞ고 汙오野야ㅣ 滿만車거ᄒᆞ고 五오穀곡
이 蕃번熟숙ᄒᆞ야 穰양穰양滿만家가ᄒᆞ니라 臣신
이 見견其기所소持지者쟈ㅣ 狹협ᄒᆞ고 所소欲

욕者쟈ㅣ奢샤故고로笑쇼之지이ᄒᆞ다王왕이
乃내益익黃황金금千쳔鎰일과白ᄇᆡᆨ璧벽十
십雙상과車거馬마百ᄇᆡᆨ駟ᄉᆞᄒᆞᆫ髡곤이乃내
行ᄒᆡᆼᄒᆞ다

홍이죽거ᄂᆞᆯ양조반이셔한시과됴시과위
시로리브려사ᄅᆞᆯ통ᄒᆞ니세집이쟝ᄎᆞ진을
두고뎐시쟝ᄎᆞ졔ᄅᆞᆯ둘러라쟝조ᄇᆡᆨ을지내
태공화의니르러드틔여쥬안왕명으로배
졔후ㅣ되다죽거ᄂᆞᆯ아ᄃᆞᆯ환공오ㅣ셔다졔
거ᄂᆞᆯ아ᄃᆞᆯ위왕인졔ㅣ셔치음의다ᄉᆞ리지

못ᄒᆞ니졔후ㅣ다와티더니여ᄃᆞᆲ히만의조
ㅣ크게병을발ᄒᆞ야졔예더ᄒᆞ거ᄂᆞᆯ졔ㅣ슌
우곤으로ᄒᆞ여곰구완을됴의쳥ᄒᆞᆯᄉᆡ금ᄇᆡᆨ
근과수뤼ᄆᆞᆯ열네ᄒᆞᆯ가져가라ᄒᆞᆫ대곤이하
ᄂᆞᆯ을우러러크게웃거ᄂᆞᆯ왕이ᄀᆞᆯ오ᄃᆡ션ᄉᆡᆼ
이젹게너기ᄂᆞ냐곤이ᄀᆞᆯ오ᄃᆡ신이보니길
ᄭᆞ의밧빌쟈ㅣ이셔ᄒᆞᆫ돗ᄐᆡ다리과술ᄒᆞᆫ병
을자바비러ᄀᆞᆯ오ᄃᆡ노ᄑᆞᆫᄃᆡᄂᆞᆫ대그ᄅᆞ시ᄀᆞ
독ᄒᆞ고ᄂᆞᄌᆞᆫᄃᆡᄂᆞᆫ수뤼예ᄀᆞ독ᄒᆞ고다ᄉᆞᆺ가
지곡셕기번셩ᄒᆞ야니거양양히집의ᄀᆞ독

ᄒᆞ라ᄒᆞ니신이그가진배젹고ᄒᆞ뇨져ᄒᆞᄂᆞᆫ
배만홈을본고로웃노이다왕이이에황금
일쳔일과흰구슬열빵과수릐몯일빅ᄉᆞ롤
더ᄒᆞᆫ대공이이에힝ᄒᆞ다
時시예齊제國국이幾긔不불振진이러니王왕
이乃내召쇼即즉墨묵大태夫우語어之지曰
왈自ᄌᆞ子ᄌᆞ之지居거即즉墨묵也야로毁훼
言언이日일至지ᄒᆞ나然연이나吾오ㅣ使ᄉᆞ人인
으로視시即즉墨묵ᄒᆞ니田뎐野야ㅣ闢벽ᄒᆞ고人인
民민이給급ᄒᆞ고官관無무事ᄉᆞᄒᆞ고東동方방이

寧녕ᄒᆞ니是시는子ᄌᆞㅣ不블事ᄉᆞ吾오左좌右
우ᄒᆞ야以이求구助조也야ㅣ라ᄒᆞ고封봉之지萬만
家가ᄒᆞ다召쇼阿아大대夫부語어之지曰왈
自ᄌᆞ子ᄌᆞ之지守슈阿아로譽예言언이日일
至지ᄒᆞ니然연이나吾오ㅣ使ᄉᆞ人인으로視시阿아
ᄒᆞ니田뎐野야ㅣ不블闢벽ᄒᆞ고人인民민이貧빈
餒뇌ᄒᆞ고趙됴ㅣ攻공鄄견이어ᄂᆞᆯ子ᄌᆞㅣ不블救
구ᄒᆞ고衛위ㅣ取취薛셜陵릉이어ᄂᆞᆯ子ᄌᆞㅣ不블
知디ᄒᆞ니是시는子ᄌᆞㅣ厚후幣폐事ᄉᆞ吾오左
좌右우ᄒᆞ야以이求구譽예也야ㅣ라ᄒᆞ고是시日일

에烹팽阿아大태夫우와與여嘗상譽예者쟈
ᄒᆞ니羣군臣신이聳용懼구ᄒᆞ야莫막敢감飾식詐
사라齊졔이大대治티ᄒᆞ니諸졔侯후ㅣ不블敢
감復부致티兵병이러라
ᄯᅢ예졔나라희거의진긔티몯ᄒᆞ리러니왕이
이에즉묵태우ᄅᆞᆯ불러닐러ᄀᆞᆯ오ᄃᆡ그ᄃᆡ즉
묵의이시므로브터훼ᄒᆞᄂᆞᆫ말리날노니르
나그러나내사ᄅᆞᆷ으로ᄒᆞ여곰즉묵을보니
밧ᄃᆞᆯ히갈아열니엿고인민이급족ᄒᆞ고귀
에일이업고동방이평안ᄒᆞ니이ᄂᆞᆫ그ᄃᆡ내

좌우ᄅᆞᆯ셤겨배도음을구치아니타ᄒᆞ고일
만집을봉ᄒᆞ다아ᄯᅡ원을불러닐러ᄀᆞᆯ오ᄃᆡ
그ᄃᆡ아ᄅᆞᆷ듸희므로부터기리ᄂᆞᆫ말리날노
니르나그러나내사ᄅᆞᆷ으로하여곰아ᄅᆞᆷ보
니밧들히여러가ᄃᆡ아녓고인민이가ᄂᆞᆫᄒᆞ
야주리고됴ㅣ뎐을치거ᄂᆞᆯ그ᄃᆡ구완치아
니코위ㅣ셜릉을가치거ᄂᆞᆯ그ᄃᆡ아지못ᄒᆞ
니히ᄂᆞᆫ그ᄃᆡ폐빅을두터이ᄒᆞ야내좌우ᄅᆞᆯ
셤겨배기리믈구ᄒᆞ다ᄒᆞ고이날의앗원과
다ᄆᆞᆺ일즉기리던이ᄅᆞᆯ ᄉᆞᆯ무니ᄆᆞᆺ신하ㅣ수

그러ᄒᆞ야두려감히간ᄉᆞ를ᄒᆞ미디몯ᄒᆞᄂᆞᆫ
디라졔크게다ᄉᆞ니졔후ㅣ감히ᄯᅩ병을닐
위지몯ᄒᆞ더라
威위王왕이與여魏위惠혜王왕으로會회田뎐
於어郊교ᄒᆞ니러惠혜王왕이曰왈齊졔有유寶
보乎호아王왕이曰왈無무有유라니惠혜王
왕이曰왈寡과人인國국이雖슈小쇼ᄒᆞ니猶유
有유徑경寸촌之지珠쥬ㅣ照죠車거前젼後
후各각十십二이乘승者쟈ㅣ十십枚미라니
威위王왕이曰왈寡과人인之지寶보ᄂᆞᆫ與여

王왕으로異이ᄒᆞ야吾오臣신有유檀단子ᄌᆞ者쟈
ᄒᆞ니使ᄉᆞ守슈南남城셩에楚초人인이不불敢
감爲위寇구ᄒᆞ며泗ᄉᆞ上샹十십二이諸졔侯후
ㅣ皆ᄀᆡ來ᄅᆡ朝됴ᄒᆞ고有유盼변子ᄌᆞ者쟈ᄒᆞ니使
ᄉᆞ守슈高고唐당애趙됴人인이不불敢감東
동漁어於어河하ᄒᆞ고有유黔검夫부者쟈ᄒᆞ니使
ᄉᆞ守슈徐셔州쥬則즉燕연人인이祭졔北븍
門문ᄒᆞ며趙됴人인이祭졔西셔門문ᄒᆞ고有유種
죵首슈者쟈ᄒᆞ니使ᄉᆞ備비盜도賊적에道도不
불拾습遺유ᄒᆞ니此ᄎᆞ四ᄉᆞ臣신者쟈ᄂᆞᆫ將장照

됴千쳔里니니豈긔特특十십二이乘승哉재 ᄒᆞ리오 惠혜王왕이有유慚참色ᄉᆡᆨ라ᄒᆞ더 위왕이위혜왕으로더브러들희모다산힝ᄒᆞ더니혜왕이ᄆᆞᆯ오ᄃᆡ제예보비잇ᄂᆞ냐왕이ᄀᆞᆯ오ᄃᆡ잇디아니ᄒᆞ니라혜왕이ᄀᆞᆯ오ᄃᆡ내나라히비록져그나오히려촌나믄구실리수ᄅᆡ앏뒤희각각열두승을비최ᄂᆞᆫ거시열낫치잇ᄂᆞ니라위왕이ᄀᆞᆯ오ᄃᆡ내보비ᄂᆞᆫ왕으로더브러달나내신하단ᄌᆞㅣ이시니ᄒᆞ여금남셩을직희미촛사ᄅᆞᆷ이감히도적

ᄒᆞ지못ᄒᆞ며ᄉᆞ슈옷열두졔후ㅣ다와됴회ᄒᆞ고변ᄌᆞ쟈ㅣ이시니ᄒᆞ여곰고당을딕희매됴사ᄅᆞᆷ이감히동으로하슈의고기잡지못ᄒᆞ고검부ㅣ이시니ᄒᆞ여곰녀쥬ᄅᆞᆯ직힌즉연사ᄅᆞᆷ이북문의뎨ᄒᆞ며됴사ᄅᆞᆷ이셔문의뎨ᄒᆞ고종슈ㅣ이시니ᄒᆞ여곰도젹을막ᄌᆞ라매길희ᄇᆞ린거ᄉᆞᆯ줍디못ᄒᆞ니이네신하ᄂᆞᆫ장ᄎᆞᆺ쳔니ᄅᆞᆯ비칠거시니엇지다만열두승ᄲᅮᆫ이리오ᄒᆞᆫ뒤혜왕이븟그러온빗ᄎᆞᆯ두더라

威위王왕이卒졸커늘子ᄌᆞ宣션王왕이立닙ᄒᆞ야
喜희文문學학游유說셰之지士ᄉᆞᄒᆞ야騶추衍
연淳슌于우髡곤田뎐騈병愼신到도之지徒
도七칠十십六육人인으로皆ᄀᆡ爲위上샹大태
夫우ᄒᆞ니是시以이로齊졔稷직下하의學학士
ᄉᆞㅣ盛셩且챠數수百빅人인이라然연이나孟
밍子ᄌᆞㅣ至지而이不블能능用용ᄒᆞ다
위왕이주거ᄂᆞᆯ아ᄃᆞᆯ션왕이셔글비호고놀
아달내ᄃᆞ션비롤됴히너기게추연과슌우곤
과뎐병과신도의무리ᄀᆞᆯ흔여ᄉᆞᆺ사ᄅᆞᆷ으로

다샹태우를삼으니일로ᄡᅥ졔직사아래글
ᄒᆞᄂᆞᆫ션비셩ᄒᆞ야또ᄒᆞᆫ수ᄇᆡᆨ인이러라그러
나밍ᄌᆞㅣ날으시되능히ᄡᅳ디아니ᄒᆞ다
魏위ㅣ伐벌韓한ᄒᆞ여ᄂᆞᆯ韓한이請쳥救구於어
齊졔ᄒᆞᆫ대齊졔ㅣ使ᄉᆞ田뎐忌긔爲위將쟝ᄒᆞ야以
이救구韓한ᄒᆞ다魏위將쟝龐방涓연이嘗샹與
여孫손臏빈으로同동學학兵병法법ᄒᆞ다가涓연
이爲위魏위將쟝軍군ᄒᆞ야自不以이所소能능
이不불及급이라ᄒᆞ야以이法법으로斷단其기兩냥
足족而이黥경之지ᄒᆞ여ᄂᆞᆯ齊졔使ᄉᆞㅣ至지魏위

ᄒᆞ야竊졀載ᄌᆡ以이歸귀ᄒᆞ니라至지是시ᄒᆞ야臏빈이爲위齊졔軍군帥슈ᄒᆞ야直직走주魏위都도ᄒᆞᆫ대涓연이去거韓한而이歸귀러라臏빈이使ᄉᆞ齊졔師ᄉᆞ｜入입魏위地디者자로爲위十십萬만竈조ᄒᆞ고明명日일에爲위五오萬만竈조ᄒᆞ고又우明명日일에爲위二이萬만竈조ᄒᆞᆫ대涓연이大대喜희曰왈我아｜固고知디齊졔軍군의怯겁이라왜入입吾오地디三삼日일에士ᄉᆞ卒졸亡망者자｜過과半반矣의라ᄒᆞ고乃내倍비日일并병行ᄒᆡᆼ逐튝之지러라臏빈이度탁其

기行힝이暮모當당至지馬마陵릉니이道도陿
엽而이傍방多다阻조ᄒᆞ니可가伏복兵병ᄒᆞ이아라
乃내斫작大대樹슈ᄒᆞ야白ᄇᆡᆨ而이書셔曰왈龐
방涓연이死ᄉᆞ此ᄎᆞ樹슈下하ᄒᆞㅣ고라令령齊졔
師ᄉᆞ善션射샤者쟈萬만弩노로夾협道도而
이伏복ᄒᆞ고期긔暮모애見견火화擧거而이發
발니이러涓연이果과夜야至지斫작木목下하
ᄒᆞ야見견白ᄇᆡᆨ書셔ᄒᆞ고以이火화燭쵹之지ᄂᆞᆯ어萬
만弩노ㅣ俱구發발ᄒᆞ니魏위師ᄉᆞㅣ大대亂란
相상失실ᄂᆞᆯ이어涓연이自不剄경曰왈遂슈成

셩堅슈子丕之지名명이라더라ᄒᆞ齊졔ㅣ大대破
파魏위師ᄉᆞᄑᆡᄒᆞ虜노太태子丕申신다ᄒᆞ
위ㅣ한을티거ᄂᆞᆯ한이구ᄒᆞ올졔에쳥ᄒᆞᆫ대
졔ㅣ뎐긔로ᄒᆞ여곰쟝슈ᄅᆞᆯ삼아배한을구
완ᄒᆞ다윗쟝슈방연이일즉손빈으로더브
러ᄒᆞᆫ듸병법을비호다가연이위쟝군이되
야스ᄉᆞ로배능ᄒᆞᆫ배밋디못ᄒᆞ다ᄒᆞ야법으
로배그두발을버히고ᄌᆞᄌᆡᄒᆞ야거ᄂᆞᆯ졔시
위에니르러그으기시러배도라갓더니이
에니르러빈이졔군의쟝슈ㅣ되야바로위

도읍으로ᄃᆞ로대연이한을ᄇᆞ리고도라오
더라빈이졋군ᄉᆞ워ᄯᅡ희드니로ᄒᆞ여곰십
만부억을밍글고이토날의오만부억을밍
글고ᄯᅩ이토날의이만부억을밍근대연이
크게깃거골오ᄃᆡ내진실로졔군의겁ᄒᆞᄂᆞᆫ
줄을알패라내ᄯᅡ희든사ᄒᆞᆯ만의ᄉᆞ졸도망
ᄒᆞ니반남다ᄒᆞ고이에날을빈ᄒᆞ야힝을아
올려ᄯᅥ로더라빈이헤아리되그힝이나조
희반ᄃᆞ시마릉의닐를거시니길히좁고ᄆᆞ
이막킨ᄃᆡ만ᄒᆞ니가히군ᄉᆞ를숨길거시라

ᄒᆞ야이에큰남글갓가희게ᄒᆞ고글ᄡᅥᄀᆞᆯ오
되방연이이나모아릐셔주그리라ᄒᆞ고졧
군ᄉᆞ활잘ᄡᅩᄂᆞᆫ쟈일만소뇌로ᄒᆞ여곰길흘
배엽더이고긔약호되나죄불들롬을보고
발ᄒᆞ라ᄒᆞ얏더니연이파연이밤의갓근나
모아래니르러흰되글ᄡᅳᆫ거ᄉᆞᆯ보고블로ᄡᅧ
비최거ᄂᆞᆯ일만손뇌ᄒᆞᆷᄭᅴ발ᄒᆞ니윗군ᄉᆡ크
게어즈러워서로일커ᄂᆞᆯ연이스ᄉᆞ로멱딜
러주거ᄀᆞᆯ오되드듸여숙그러ᄒᆞᆫ아ᄒᆡ일홈
을일고패라ᄒᆞ더라졔ㅣ크게윗군ᄉᆞᄅᆞᆯ파

ᄒᆞ고태ᄌᆞ신을사ᄅᆞ잡다

宣션王왕이卒졸ᄒᆞ거ᄂᆞᆯ湣민王왕이立닙ᄒᆞ야請쳥郭곽君군田뎐嬰영者쟈ᄂᆞᆫ宣션王왕之지庶셔弟뎨也야ㅣ니封봉於어薛셜ᄒᆞ다有유子ᄌᆞ曰왈文문이니食식客ᄀᆡᆨ이數수千쳔人인이오名명聲셩이聞문於어諸졔侯후라ᄒᆞ더號호爲위孟ᄆᆡᆼ嘗샹君군이라

션왕이죽거ᄂᆞᆯ민왕이셔다졍곽군뎐영은션왕의얼아ᄋᆞ이니셜의봉ᄒᆞ다아ᄃᆞᆯ이이시니ᄀᆞᆯ온문이니밥먹ᄂᆞᆫᄀᆡᆨ이수쳔이오일홈

과소릐계후의들리더라일홈이맹샹군이
라
秦진昭쇼王왕이聞문其기賢현ᄒᆞ고乃내先션
納납質지於어齊졔ᄒᆞ야以이求구見견가이라至지
지則즉止지囚슈ᄒᆞ야欲욕殺살之지라ᄂᆞᆯ孟ᄆᆡᆼ嘗샹
샹君군이使ᄉᆞ人인으로抵뎌昭쇼王왕幸ᄒᆡᆼ姬
희ᄒᆞ야以이求구解ᄒᆡᄒᆞᆫ대姬희曰왈願원得득君
군의狐호白ᄇᆡᆨ裘구라ᄒᆞ노蓋개孟ᄆᆡᆼ嘗샹君군
이嘗샹以이獻헌昭쇼王왕ᄒᆞ고無무他타裘구
矣의니러客ᄀᆡᆨ有유能능爲위狗구盜도者자ㅣ

入입秦진藏장中듕ᄒᆞ야取취裘구以이獻헌姬
희ᄒᆞᆫ대姬희ㅣ為위言언得득釋셕ᄒᆞ야即즉馳티
去거ᄒᆞ야變변姓셩名명ᄒᆞ고夜야半반애至지函
함谷곡關관ᄒᆞ니關관法법에鷄계鳴명方방出
츌客ᄀᆡᆨ이라恐공秦진王왕이後후悔회追ᄎᆔ之
지ᄒᆞ려客ᄀᆡᆨ有유能능為위鷄계鳴명者쟈ᄒᆞ니鷄
계盡진鳴명ᄒᆞᆫ듸어遂슈發발傳뎐出츌ᄒᆞ니食식
頃경에追ᄎᆔ者쟈ㅣ果과至지而이不블及급
ᄒᆞ니孟ᄆᆡᆼ嘗샹君군이歸귀怨원秦진ᄒᆞ야與여韓
한魏위로伐벌之지ᄒᆞ야入입函함谷곡關관ᄒᆞ니

秦딘이割할城셩以이和화다ᄒᆞ
딘쇼왕이그어딜믈듣고이에몬져볼모롤
졔예드려배봄을구ᄒᆞ엿다가닐은즉그쳐
가도아죽이고져ᄒᆞ더라밍샹군이사롬으
로ᄒᆞ여곰쇼왕의고이ᄂᆞᆫ쳡의게가배노히
믈구ᄒᆞᆫ대쳡이골오ᄃᆡ원컨대군의여의흰
갓옷솔어드려ᄒᆞ노라밍샹군이일쥭배쇼
왕씌드리고다룬갓오시업더니손이능히
개도젹ᄒᆞᆯ쟈ㅣ이셔딘감초온가온ᄃᆡ드려
가갓오솔가져배쳡의게드린대쳡이위ᄒᆞ

야닐러시러곰노히다곳돌려가셩과일홈을고쳐고밤반의함곡관의이르니관법의ᄃᆞᆰ이우러야바야흐로손을내ᄂᆞᆫ디라텬왕이후에뉘우쳐ᄯᅡ올가저허ᄒᆞ더라손이능히ᄃᆞᆰ의우롬울쟈ㅣ이시니ᄃᆞᆰ이다울거ᄂᆞᆯ드듸여역마를발ᄒᆞ야나가니밥먹글ᄉᆞ이예ᄯᅡ로ᄂᆞ니과연히니르려밋디못ᄒᆞ다ᄆᆡᆼ샹군이도라와텬을원망ᄒᆞ야한과위로더브러쳐함곡관의드러가니텬이셩을버혀ᄇᆡ화친ᄒᆞ다

孟밍嘗샹君군이相샹齊졔나라或혹이毁훼之지於어王왕이어ᄂᆞᆯ乃내出츌奔분ᄒᆞ니湣민王왕이滅멸宋송而이驕교ㅣ어ᄂᆞᆯ燕연昭쇼王왕이以이齊졔嘗샹破파燕연之지故고로與여諸졔侯후로合합謀모而이攻공齊졔ᄒᆞ야燕연軍군이入입臨님淄치ᄒᆞ니湣민王왕이走주莒거ㅣ어ᄂᆞᆯ楚초將장淖뇨齒치ㅣ救구齊졔ᄒᆞ라가反반殺살湣민王왕而이與여燕연으로共공分분齊졔之지侵침地디ᄒᆞ니

밍샹군이졔예졍승되엿더니후이왕긔훼

ᄒᆞ거ᄂᆞᆯ이에나ᄃᆞ라나다민왕이송을멸ᄒᆞ
고교만ᄒᆞ거ᄂᆞᆯ연쇼왕이졔일즉연을파ᄒᆞᆫ
연고로배졔후로더브러ᄭᅬ롤합ᄒᆞ야졔롤
쳐연군이님치예드러가대민왕이게로ᄃᆞ
라나니초장슈뇨치ㅣ졔롤구완ᄒᆞ다가도
로혀민왕을주기고연으로더브러효가ᄂᆡ
로졔침노ᄒᆞ엿던ᄯᅡ흘논호다
王왕孫손賈가ㅣ從종湣민王왕於어莒게而
이失실王왕處쳐ᄂᆞᆯㅣ어其기母모ㅣ曰왈汝어
ㅣ朝됴出츌而이晩만來ᄅᆡ든어吾오ㅣ則즉倚

위門문而이望망ᄒᆞ고汝여ㅣ暮모出츌而이不
블還환ᄒᆞ든이어吾오ㅣ則즉倚의閭려而이望망
니이러汝여ㅣ今금事ᄉᆞ王왕ᄒᆞ다가王왕이走주ᄒᆞ거늘
汝여ㅣ不블知디處쳐ᄒᆞ니汝여尙샹何하歸귀
오賈가ㅣ乃내攻공淖뇨齒치殺살之지ᄒᆞ고求
구湣민王왕子ᄌᆞ法법章쟝而이立닙之지ᄒᆞ야
保보莒거게以이抗항燕연ᄒᆞ다

왕손개민왕을게에조ᄎᆞ다가왕의곳을일
허늘그어미ᄀᆞᆯ오ᄃᆡ네아ᄎᆞᆷ의나가늣게야
도라오거든내곳문을지다혀ᄇᆞ라고네져

물게야다가도라오디아니커든내곳니문
을디다허브라더니네이제왕을셤기다가
왕이ᄃᆞ라나거늘네곳을아디못ᄒᆞ니네오
히려엇디도라오뇨가ㅣ이에뇨치ᄅᆞᆯ텨주
기고민왕의아ᄃᆞᆯ법댱을구ᄒᆞ야셰워게ᄅᆞᆯ
보ᄒᆞ야배연을막다
時시에齊졔城셩이惟유莒거卽즉墨묵이不
불下하ᄒᆞ니러卽즉墨묵人인이推츄田뎐單단
ᄒᆞ야爲위將쟝軍군ᄒᆞᆫ대身신操조版판鍤삽ᄒᆞ야與
여士ᄉᆞ卒졸로分분功공ᄒᆞ고妻쳐妾쳡이編편

於어行항伍오ㅣ라러 收슈城셩中듕ᄒᆞ야 得득牛
우千쳔餘여ᄒᆞ야 爲위絳강繒증衣의ᄒᆞ야 畵화五오
彩ᄎᆡ龍룡文문ᄒᆞ고 束속兵병刃인其기角각ᄒᆞ고
灌관脂지束속葦위於어尾미ᄒᆞ야 燒쇼其기端
단ᄒᆞ고 鑿착城셩數수十십穴혈ᄒᆞ야 夜야縱죵牛
우ᄒᆞ고 壯장士ᄉᆞㅣ 隨슈其기後후ᄒᆞ니 牛우ㅣ 尾
미熱열ᄒᆞ야 怒노奔분燕연軍균라이 所소觸쵹이
盡진死ᄉᆞ傷상而이城셩中듕이 鼓고譟조從
죵之지ᄒᆞ니 聲셩震딘天텬地디라러 燕연軍균이
敗패走주ᄒᆞ고 七칠十십餘여城셩이 皆개復복

爲위齊졔어놀迎영襄양王왕於어莒게ᄒᆞ니封봉
單단ᄒᆞ야爲위安안平평君군ᄒᆞ다
ᄯᆡ예졔셩이오직게와즉묵이항봉디아녀
더니즉묵사롬이뎐단을츄존ᄒᆞ야장군을
솜은뒤몸소널과가ᄅᆡ롤ᄌᆞ바ᄉᆞ졸로더브
러공을논호고안ᄒᆡ과쳡이항오애역겻더
라셩듕을거두어쇼쳔여롤어더불근깁오
솜밍그라다ᄉᆞᆺ빗룡의문ᄎᆡ롤그리고병장
기롤그ᄲᅳᆯ의묵고기롬의ᄌᆞᆷ가ᄌᆞᆯ을ᄭᅩ리예
묵거그긋틔불지루고셩스므놈은굼글파

밤의쇼룰노코장ᄉᆞㅣ그뒤희조ᄎᆞ니쇠位
리더와셩ᄂᆡ여연군의게ᄃᆞ라드니라다틴
비다주그며샹ᄒᆞ고셩가온뒤붑티고소릐
딜러조ᄎᆞ니소릐텬디틴동ᄒᆞ더라연군이
퓌ᄒᆞ야ᄃᆞ라나고닐흔나믄셩이다다시졔
되거ᄂᆞᆯ양왕을게예마ᄌᆞ오니단을봉ᄒᆞ야
안평군을ᄉᆞᆷ다
單단이攻공狄뎍三삼月월不불克극놈이어魯
노仲듕連련이曰왈將쟝軍군이在직即즉墨
묵에曰왈無무可가往왕矣의오宗종廟묘ㅣ

亡망矣의라ᄒᆞ야 將장軍군이 有유死ᄉᆞ之지心심ᄒᆞ고 士ᄉᆞ卒졸이 無무生싱之지氣긔ᄒᆞ야 莫막不불揮휘泣읍奮분臂비ᄒᆞ야 欲욕戰젼이러니 今금에 將장軍군이 東동有유夜여邑읍之지奉봉ᄒᆞ고 西셔有유淄츼上샹之지娛오ᄒᆞ고 黃황金금橫횡帶ᄃᆡᄒᆞ야 騁빙乎호淄츼澠민之지間간ᄒᆞ야 有유生싱之지樂낙ᄒᆞ고 無무死ᄉᆞ之지心심故고로 不불勝승也야ㅣ니라ᄒᆞ 單단이 明명日일에 厲녀氣긔巡슌城셩ᄒᆞ야 立닙於어矢시石셕之지所소ᄒᆞ야 援완抱포鼓고之지ᄒᆞ니 狄뎍人

인이乃ᄂᆡ下하ᄒᆞ다
탄이뎍을텨셕돌울이기디못ᄒᆞ거ᄂᆞᆯ노듕
년이조오ᄃᆡ쟝군이즉묵에이실제ᄀᆞᆯ오ᄃᆡ
가히갈ᄃᆡ업고종묘ㅣ망ᄒᆞ리라ᄒᆞ야쟝군
이죽을ᄆᆞ음이잇고ᄉᆞ졸이살긔운이업셔
눈물롤두루고팔롤ᄲᅢᆷᄂᆡ여ᄡᅡ호고져아니
ᄒᆞ리업더니이졔쟝군이동으로여읍의위
와드미잇고셔로치샹의즐거오미잇고황
금을빗기ᄯᅴ여치슈민슈ᄉᆞ이예빗돌려살
즐거오미잇고죽을ᄆᆞ음이업ᄉᆞᆫ고로이긔

디몯ᄒᆞᄂᆞ니라ᄒᆞ야 놀단이 이ᄃᆞᆫ날애 긔운을 ᄲᅥ셩의 숀힝ᄒᆞ야 살과 돌오ᄂᆞᆫ 고ᄃᆡ셔 ᄆᆞ치롤 ᄌᆞ부붑을 치니 뎌 사ᄅᆞᆷ이 이에 ᄒᆞᆼ복ᄒᆞ다

襄양王왕이 既긔立닙而이 孟밍嘗샹君군이 中듕立닙ᄒᆞ야 爲위諸졔侯후의 无무所소屬쇽놀이어 王왕이 畏외之지ᄒᆞ야 與여連년和화ᄒᆞ다 初초애 馮풍驩환이 聞문孟밍嘗샹君군이 好호客ᄀᆡᆨ而이 來릭놀어 見견置티傳뎐舍ᄉᆞ디ᄒᆞᆫ 十십日일에 彈탄劍검作작歌가曰왈 長쟝鋏협아

歸귀來ᄅᆡ乎호뎌ㅛ食식无무魚어ㅣ야놀라 ᄒᆞ還쳔
之지幸ᄒᆡᆼ舍ᄉᆞ니ᄒᆞ食식有유魚어矣의라ㅣ러 又
우歌가曰왈長쟝鋏협아歸귀來ᄅᆡ乎호뎌ㅛ出
츌無무輿여ㅣ야놀라 ᄒᆞ還쳔之지代ᄃᆡ舍샤니ᄒᆞ出
츌有유輿여矣의라ㅣ러 又우歌가曰왈長쟝鋏
협아歸귀來ᄅᆡ乎호뎌ㅣ无무以이爲위家가라ㅣ
ᄒᆞ야놀 孟ᄆᆡᆼ嘗샹君군이聞문之지不블悅열ᄒᆞ뎌
라

양왕이임의녀고ᄆᆡᆼ샹군이둥간의녀졔후
의붓튼비엽거놀왐이무려더브러니어화

친ᄒᆞᆫ다처음의풍환이밍샹군의손됴히녀
김을듯고오ᄂᆞᆫᄂᆞᆯ보고뎐샤의ᄃᆞᆫᄃᆡ열ᄒᆞᆯ만
의환도ᄅᆞᆯᄐᆞ고노ᄅᆡ불너ᄀᆞᆯ오ᄃᆡ장협아도
ᄅᆞ올틴져밥먹을졔고기업다ᄒᆞ야ᄂᆞᆯ힝샤
의옴기니밥먹을졔고기잇더라ᄯᅩ노ᄅᆡ불
러ᄀᆞᆯ오ᄃᆡ장협아도라올틴뎌ᄂᆞᄃᆞᆫ닐졔수
ᄅᆡ업다ᄒᆞ야ᄂᆞᆯᄃᆡ샤의옴기어ᄂᆞᄃᆞᆫ닐졔수
ᄅᆡ잇더라ᄯᅩ노ᄅᆡ불러ᄀᆞᆯ오ᄃᆡ장협아도라
올틴뎌ᄡᅧ집홈이업ᄃᆞᄒᆞ야ᄂᆞᆯ밍샹군이듯
고깃거아니ᄒᆞ더라

時시예 邑읍入입이 不블足족以이奉봉客ᄀᆡᆨ
ᄒᆞ야使ᄉᆞ人인으로 出츌錢젼於어薛셜ᄒᆞ니貸ᄃᆡ者
쟈ㅣ 多다不블能능與여息식이라孟ᄆᆡᆼ嘗샹君
군은 乃내進진驩환ᄒᆞ야請쳥責ᄎᆡᆨ之지ᄒᆞᆫᄃᆡ驩환
이 往왕ᄒᆞ야不블能능與여者쟈를 取츄其기券
권燒쇼之지ᄒᆞ니孟ᄆᆡᆼ嘗샹君군이 怒노ᄒᆞ여 驩
환이 曰왈令녕薛셜民민으로 親친君군이라ᄒᆞ더니 孟
ᄆᆡᆼ嘗샹君군이 竟경爲위薛셜公공ᄒᆞ야終죵於
어薛셜ᄒᆞ니라

伸예고을히셔 드리ᄃᆞ거시 독히 배손을ᄃᆡ

겹디몯ᄒᆞ야 사ᄅᆞᆷ으로 ᄒᆞ여곰 돈을 셜의 니ᄭᅮ어 가니 만히 능히 부러 주디 아니ᄒᆞᄂᆞᆫ 디라 밍샹군이 이에 환올 ᄂᆞ와 가쳥ᄒᆞ야 ᄎᆡᆨᄒᆞ과댜 ᄒᆞᆫᄃᆡ 환이 가 능히 여티 몯ᄒᆞᄂᆞᆫ 이롤 그 치부ᄒᆞᆫ 글월을 가져 불디ᄅᆞ니 밍샹군이 노ᄒᆞ거ᄂᆞᆯ 환이 ᄀᆞᆯ오ᄃᆡ 셜 ᄇᆡᆨ셩으로 ᄒᆞ여곰 군을 친케 ᄒᆞ노라 ᄒᆞ더니 밍샹군이 ᄆᆞᄎᆞᆷ내 셜공이 되여 셜의셔 죽으니라

襄양王왕이 卒졸ᄒᆞ거ᄂᆞᆯ 子ᄌᆞ建건이 立닙ᄒᆞ야 母모君군王왕后후ㅣ 賢현ᄒᆞ야 事ᄉᆞ秦진謹근ᄒᆞ고 與

여諸졔侯후로信신이러니 君군王왕后후ㅣ卒
졸ᄒᆞ야 齊졔客킥이多다受슈秦진金금ᄒᆞ고爲
위反반間간ᄒᆞ야勸권王왕朝됴秦진ᄒᆞ고不불修
슈攻공戰젼之지備비ᄒᆞ고不불助조五오國국
攻공秦진ᄒᆞ니秦진王왕政졍이旣긔滅멸五오
國국ᄒᆞ고兵병入입臨님淄치어ᄂᆞᆯ王왕建건이遂
슈降항ᄒᆞ니遷쳔于우共공ᄒᆞ야處쳐之지松숑柏
빅之지間간而이死ᄉᆞᄒᆞ고以이齊졔로爲위郡
군ᄒᆞ다齊졔人인이歌가之지曰왈松숑耶야柏
빅耶야아住쥬建건共공者쟈ㅣ客킥耶야아ᄒᆞ

三四

34a

더라

양왕이죽거ᄂᆞᆯ아ᄃᆞᆯ건이셔다어미군왕후

ㅋ어디러진셤기기ᄅᆞᆯ삼가고졔후로더브

러밋버ᄒᆞ더니군왕후ㅣ죽거ᄂᆞᆯ졧ᄉᆞᆫ이만

히진금을밧고반간ᄒᆞ야왕을권ᄒᆞ야진의

됴회ᄒᆞ고텨ᄡᆞ홈애ᄆᆞ초기ᄅᆞᆯ닷디아니ᄒᆞ

고다ᄉᆞᆺ나라히진치기ᄅᆞᆯ돕디아니ᄒᆞ니진

왕졍이임의다ᄉᆞᆺ나라ᄒᆞᆯ멸ᄒᆞ고군시임츼

예드러오거ᄂᆞᆯ왕건이드듸여항복ᄒᆞ니공

의옴겨솔과잣ᄉᆞ이예두어죽고졔로ᄡᅦ고

을을 ᄉᆞᆷ다 졧 사ᄅᆞᆷ이 노ᄅᆡ 불러 ᄀᆞᆯ오ᄃᆡ 솔가
ᄌᆞᆺ가 건을 공의 잇게 ᄒᆞ니 곽이라 ᄒᆞ더라
趙 之지先션은 本본與여秦진으로 同동姓셩
이니 祖조於어蜚비廉렴ᄒᆞ다 有유子ᄌᆞ季계勝승
이러니 其기後후ㅣ 有유造조父보者쟈ㅣ 事ᄉᆞ
周쥬穆목王왕ᄒᆞ야 以이功공으로 封봉趙됴城셩
ᄒᆞ니 由유是시로 為위趙됴氏시ㅣᄒᆞ다 春츈秋츄時
시예 有유趙됴夙슉者쟈ㅣ 事ᄉᆞ晉딘ᄒᆞ다 夙슉
이 生ᄉᆡᆼ成셩子ᄌᆞ衰최ᄒᆞ고 衰최生ᄉᆡᆼ宣션子ᄌᆞ
盾듄ᄒᆞ니 人인이 曰왈 趙됴衰최ᄂᆞᆫ 冬동日일之

지日일也야ㅣ오趙됴盾돈은夏하日일之지日
일也야ㅣ冬동日일은可가愛이오夏하日일
은可가畏외라ᄒᆞ더라
됴의몬져ᄂᆞᆫ본이진으로더브러ᄒᆞᆫ셩이니
비렴의비롯다아ᄃᆞᆯ계승이잇더니그후ㅣ
조보ㅣ이셔쥬목왕을셤계공으로배됴셩
의봉ᄒᆞ니일로말미아므됴시되다츈츄ᄯᅦ
예됴숙이이셔진을셤기다숙이셩ᄌᆞ최를
ᄂᆞ코최ㅣ션ᄌᆞ돈을나호니사ᄅᆞᆷ이ᄀᆞᆯ오ᄃᆡ
됴최ᄂᆞᆫ겨울ᄂᆞᆯᄒᆡ오됴돈은녀ᄅᆞᆷᄂᆞᆯᄒᆡ니겨

올ᄒᆡᄂᆞᆫ가히ᄉᆞ랑흡고녀롬ᄒᆡᄂᆞᆫ가히므셥

다ᄒᆞ더라

盾둔이生ᄉᆡᆼ朔삭이러니 大ᄃᆡ夫부屠도岸안賈

가ㅣ滅멸朔삭之지族족ᄒᆞᆯᄉᆡ朔삭이有유遺유

腹복子ᄌᆞ武무ᄒᆞ니賈가ㅣ索ᄉᆡᆨ之지不불得득

ᄒᆞ다朔삭의客ᄀᆡᆨ程졍嬰영公공孫손杵져臼구

ㅣ相샹與여謀모曰왈立닙孤고與여死ᄉᆞㅣ

孰슉難난고嬰영이曰왈死ᄉᆞㅣ易이코立닙

孤고ㅣ難난耳이니라杵져臼구ㅣ曰왈子ᄌᆞㅣ

爲위其기難난ᄒᆞ라ᄒᆞ고杵져臼구ㅣ取취他타兒

ᄋᆞᄒᆞ야 匿닉山산中듕이어늘 嬰영이 出츌諸뉴曰

왈與여我아千쳔金금이면吾오ㅣ告고趙됴氏

시孤고處쳐호리라ᄒᆞ야ᄂᆞᆯ 賈미ㅣ喜희ᄒᆞ야 乃내使ᄉᆞ

人인으로 隨슈嬰영ᄒᆞ야 殺살杵져臼구及급兒ᄋᆞ

而이趙됴氏시眞진孤고ᄂᆞᆫ 在ᄌᆡ러라 嬰영이後

후에 與여武무로 滅멸賈미ᄒᆞ고 竟경立닙武무

而이自ᄌᆞ不블殺살以이下하ᄒᆞ야 報보宣션孟밍及

급杵져臼구ᄒᆞ다

둔이삭을누핫더니티우토안미ㅣ삭의게

레ᄅᆞᆯ멸ᄒᆞᆯ시삭이비예기친아ᄃᆞᆯ무ㅣ이시

니교ㅣ구식호되엇지못ᄒᆞ다삭의손뎡영
파공손져구ㅣ셔로더브러ᄡᅡ호야ᄀᆞᆯ오되
교ᄅᆞᆯ셰오기와ᄃᆞ못죽기뉘어려오뇨영이
ᄀᆞᆯ오되죽기쉽고교ᄅᆞᆯ셰오기어려오니라
져구ㅣᄀᆞᆯ오되그되그어려오믈ᄒᆞ라ᄒᆞ고
져구ㅣᄃᆞ론아희ᄅᆞᆯ가져뫼가온되ᄉᆞᆷ겨ᄂᆞᆯ
영이나가소겨ᄀᆞᆯ오되나ᄅᆞᆯ쳔금을쥬면너
됴시고잇ᄂᆞᆫ고ᄃᆞᆯ고ᄒᆞ리라ᄒᆞ야ᄂᆞᆯ교ㅣ깃
거이에사ᄅᆞᆷ으로ᄒᆞ여곰영을조ᄎᆞ가져구
파뫼아희ᄅᆞᆯ죽이니됴시진뒤고ᄂᆞᆫ잇더라

영이후에무로더브러고ᄅᆞᆯ멸ᄒᆞ고ᄆᆞᄎᆞᆷᄂᆡ
무ᄅᆞᆯ녜오고스스로죽어ᄇᆡᄂᆞ려가션밍파
밋져구의게알외다
武무ㅣ卒졸커늘號호ᄅᆞᆯ文문子ᄌᆞㅣ라ᄒᆞ다文문子
ᄌᆞㅣ生ᄉᆡᆼ景경叔슉ᄒᆞ고景경叔슉이生ᄉᆡᆼ簡간
子ᄌᆞ鞅앙ᄒᆞ다簡간子ᄌᆞㅣ有유臣신曰왈周쥬
舍샤ㅣ니死ᄉᆞ커늘簡간子ᄌᆞㅣ每ᄆᆡ聽텽朝됴애
不블悅열曰왈千쳔羊양之지皮피不블如여
一일孤호之지腋익ᄒᆞ니諸졔大ᄃᆡ夫우ㅣ朝됴
애徒도聞문唯유唯유오ㅣ不블聞문周쥬舍샤

之지鄂악鄂악也야ㅣ라ᄒᆞ더라

무ㅣ죽거ᄂᆞᆯ일홈을묻ᄌᆞㅣ라ᄒᆞ다문ᄌᆞㅣ
경숙을나코경숙이간ᄌᆞ앙을ᄂᆞ투간ᄌᆞㅣ
신ᄒᆡ이시니ᄀᆞᆯ온쥬샤ㅣ니죽거ᄂᆞᆯ간ᄌᆞㅣ
미양도회ᄅᆞᆯ드ᄅᆞᆯ졔깃거아녀ᄀᆞᆯ오ᄃᆡ일쳔
양의가족이ᄒᆞᆫ여으겨드랑가족만ᄀᆞᆺ디몯
ᄒᆞ니모든ᄐᆡ우ㅣ도회ᄒᆞᆯ제ᄒᆞᆫ갓유유ᄒᆞᆷ을
듯고쥬샤의악악홈을듯디못ᄒᆞ로라ᄒᆞ더
라

簡간子ᄌᆞ의長장子ᄌᆞᄂᆞᆫ曰왈伯ᄇᆡᆨ魯노ㅣ외幼

우ᄂᆞᆫ 曰왈 無무恤휼이라 書셔訓훈戒계之지辭ᄉᆞ 於어二이簡간ᄒᆞ야 以이授슈二이子ᄌᆞ曰왈 謹근識지之지ᄒᆞ라 三삼年년而이問문之지ᄒᆞᆫ대 伯ᄇᆡᆨ魯노ᄂᆞᆫ 不블能능擧거其기辭ᄉᆞᄒᆞ고 求구其기簡간ᄒᆞ니 已이失실之지矣의러라 無무恤휼은 誦숑其기辭ᄉᆞㅣ 甚심習습ᄒᆞ고 求구其기簡간ᄒᆞ니 出츌諸져懷회中듕而이奏주之지어ᄂᆞᆯ 於어是시에 立닙無무恤휼ᄒᆞ야 爲위後후ᄒᆞ다

간ᄌᆞ의 ᄆᆞᆺ아ᄃᆞᆯ은 ᄇᆡᆨ노ㅣ오 어리니ᄂᆞᆫ 졸온 무휼이라 ᄀᆞᄅᆞ쳐 경계ᄒᆞᄂᆞᆫ 말ᄉᆞᆷ을 ᄡᅳ

ᄃᆡᄲᅧᆨ의 배두아 돈을 주어 ᄀᆞᆯ오ᄃᆡ 삼가 알라
셰히 만의 무론ᄃᆡ 박노ᄂᆞᆫ 능히 그 말ᄉᆞᆷ을 드
디 몯ᄒᆞ고 그ᄃᆡᄲᅧᆨ을 구ᄒᆞ니 임의 일헛더라
무휼은 그 말ᄉᆞᆷ을 외오미 심히 닉고 그ᄃᆡᄲᅧᆨ
을 구ᄒᆞ니 품ᄋᆞ온ᄃᆡ 셔시 여드리거ᄂᆞᆯ 이에
무휼을 셰워 후로ᄉᆞᆷ다

簡간子ᄌᆞㅣ 使ᄉᆞ 尹윤鐸탁으로 為위晉딘陽양
ᄒᆞᆫ대 請쳥曰왈 以이為위繭견絲ᄉᆞ乎호잇가 以이
為위保보障장乎호잇가 簡간子ᄌᆞㅣ 曰왈 保보
障장哉재ᄒᆞᆫ대 尹윤鐸탁이 損손其기戶호數슈

ᄒᆞ다 簡간子ᄌᆞㅣ 謂위无무恤휼曰왈 晉딘國국
에 有유難난이어든 必필以이晉딘陽양으로 爲위
歸귀ᄒᆞ라 簡간子ᄌᆞㅣ 卒졸커ᄂᆞᆯ 无무恤휼이 立닙
ᄒᆞ니 是시爲위襄양子ᄌᆞㅣ라 智디伯ᄇᆡᆨ이 求구地
디 於어韓한魏위어ᄂᆞᆯ 皆지與여ᄒᆞ다 求구於어趙
됴ㅣ어ᄂᆞᆯ 不불與여ᄒᆞᆫ대 率솔韓한魏위之지甲갑
ᄒᆞ야 以이攻공趙됴ㅣ어ᄂᆞᆯ 襄양子ᄌᆞㅣ 出츌走주
晉딘陽양ᄒᆞᆫ대 三삼家가ㅣ 圍위而이灌관之지
ᄒᆞ니 城셩不불沉침者쟈ㅣ 三삼版판이오 沉침竈조
産산蛙와ᄒᆞᆫ대 民민無무叛반意의러라 襄양子ᄌᆞ

ㅣ陰음與여韓한魏위로約약ᄒᆞ야共공敗패智
디伯백ᄒᆞ야滅멸智디氏시而이分분其기地디
ᄒᆞ다
간ᄌᆞㅣ윤탁으로ᄒᆞ여곰딘양원을슴은디
쳥ᄒᆞ야ᄀᆞᆯ오ᄃᆡ배고치과실을ᄒᆞ리이가배
보존할셩을ᄒᆞ리잇가간ᄌᆞㅣᄀᆞᆯ오ᄃᆡ보존
할셩을ᄒᆞᆯ디니윤탁이그집슈롤더러ᄇᆞ린
ᄃᆡ간ᄌᆞㅣ무휼ᄃᆞ려닐러ᄀᆞᆯ오ᄃᆡ딘나라희
란이잇거든반ᄃᆞ시딘양으로배도라가믈
슴오라간ᄌᆞㅣ죽거놀무휼이셔니이양ᄌᆞ

ㅣ라 디ᄇᆡᆨ이 ᄯᅡᄒᆞᆯ 한위의 구ᄒᆞ거ᄂᆞᆯ 다 주다
됴의 구ᄒᆞ거ᄂᆞᆯ 주지 아니ᄒᆞᆫᄃᆡ ᄒᆞᆫ과 위 군ᄉᆞ
ᄅᆞᆯ 거ᄂᆞ려 ᄢᅧ 됴ᄅᆞᆯ 치거ᄂᆞᆯ 양ᄌᆞㅣ 딘양으로
ᄃᆞᄅᆞᄂᆞᆫᄃᆡ 세 집이 ᄡᆞ고 물을 ᄃᆞ히니 셩이 ᄌᆞᆷ
기지 아니호미 세 판이오 ᄌᆞᆷ긴 부억의 ᄆᆡ고
리ᄂᆞ되 ᄇᆡᆨ셩이 반ᄒᆞᆯ ᄠᅳ디 업더라 양ᄌᆞㅣ ᄀᆞ
마니 ᄒᆞᆫ과 위로 더브러 언약ᄒᆞ야 ᄒᆞᆫ가지로
디ᄇᆡᆨ을 ᄑᆡᄒᆞ야 디시ᄅᆞᆯ 멸ᄒᆞ고 그 ᄯᅡᄒᆞᆯ ᄂᆞᆫ호
다
襄양子ᄌᆞㅣ 桼칠智디伯ᄇᆡᆨ之지頭두ᄒᆞ야 以이

爲위飮음器긔ᄒᆞ니智디伯빅之지臣신豫예讓
양이欲욕爲위之지報보仇구ᄒᆞ야乃내詐사爲
위刑형人인ᄒᆞ야挾협匕비首슈ᄒᆞ고入입襄양子
ᄌᆞ宮궁中듕ᄒᆞ야塗도厠측이러니襄양子ᄌᆞㅣ如
여厠측이라가心심動동ᄒᆞ야索삭之지ᄒᆞ야獲획讓양
ᄒᆞ야問문曰왈子ᄌᆞㅣ不블嘗샹事ᄉᆞ范범中듕
行항氏시乎호아智디伯빅이滅멸之지어ᄂᆞᆯ子
ᄌᆞㅣ不블爲위報보仇구ᄒᆞ고反반委위質지於
어智디伯빅이라가智디伯빅이死ᄉᆞ애子ᄌᆞㅣ
獨독何하爲위報보讎슈之지深심也야오曰

왈范범中듕行항氏시ᄂᆞᆫ衆듕人인으로遇우我야ᄒᆞ니我아ㅣ故고로衆즁人인으로報보之지ᄒᆞ고智디伯빅은國국士ᄉᆞ로遇우我아ᄒᆞ니我아ㅣ故고로國국士ᄉᆞ로報보之지ᄒᆞ라노襄양子ᄌᆞ不ㅣ曰왈智디伯빅이死ᄉᆞ無무後후而이此ᄎᆞ人인이欲욕爲위報보仇구ᄒᆞ니眞진義의士ᄉᆞ也야ㅣ니舍샤之지ᄒᆞ라謹근避피而이已이이라

양ᄌᆞㅣ디빅의머리롤옷칠ᄒᆞ야ᄲᅧ술먹ᄂᆞᆫ그르ᄉᆞᆯ삼다디빅의신하예양이위ᄒᆞ야원슈롤갑고져ᄒᆞ여이에거즛고쟈되야비슈

칼을싀고양ᄌᆞ궁가온ᄃᆡ드러가뒤ᄯᅡᆫ길희
이더니양ᄌᆞㅣ뒤ᄯᅡᆫ의가다가ᄆᆞ음이동ᄒᆞ
야구ᄉᆡᆨᄒᆞ야양을어더무러ᄀᆞᆯ오ᄃᆡ그ᄃᆡ일
ᄌᆞ범시과듕항시ᄅᆞᆯ셤기지아니ᄒᆞ던다ᄃᆡ
ᄇᆡᆨ이멸ᄒᆞ야ᄂᆞᆯ그ᄃᆡ위ᄒᆞ야원슈갑디아니
ᄒᆞ고도로혀몸을ᄃᆡᄇᆡᆨ의게부렷다가ᄃᆡᄇᆡᆨ
이주그미그ᄃᆡ홀로엇디위ᄒᆞ야원슈갑ᄒᆞ
미깁흔뇨ᄀᆞᆯ오ᄃᆡ범시과듕항시ᄂᆞᆫ뭇사ᄅᆞᆷ
으로나ᄅᆞᆯᄃᆡ졉ᄒᆞ니내그러모로뭇사ᄅᆞᆷ으
로갑고ᄃᆡᄇᆡᆨ은나라션비로나ᄅᆞᆯᄃᆡ졉ᄒᆞᄂᆞ

며 그러모로 나라 션비로 갑노라 양ᄌᆞㅣ 골
오ᄃᆡ 디븨 이 죽고 ᄒᆞᆫ ᄌᆞ손이 업거ᄂᆞᆯ 이 사ᄅᆞᆷ
이 위ᄒᆞ야 원슈 갑고져 ᄒᆞ니 진지 올ᄒᆞᆫ 션비
니 노ᄒᆡ라 삼가 피ᄒᆞᆯ ᄯᆞᄅᆞᆷ이니라
讓양이 又우 漆칠 身신 爲위 癩라ᄒᆞ고 呑ᄐᆞᆫ 炭탄
爲위 啞아ᄒᆞ야 行ᄒᆡᆼ 乞걸 於어 市시ᄒᆞᆫᄃᆡ 其기 妻쳐
ᄂᆞᆫ 不블 識식 也야ᄒᆞ고 其기 友우ㅣ 識식 之지 曰
왈 以이 子ᄌᆞ 之지 才ᄌᆡ로 臣신 事ᄉᆞ 趙됴 孟ᄆᆡᆼ
이면 必필 得드 近근 幸ᄒᆡᆼ 이니 子ᄌᆞㅣ 乃내 爲위 所
소 欲욕 爲위 顧고 不블 易이 耶야아 何하 乃내

自ᄌᆞ苦고如여此ᄎᆞ오 讓양이 曰왈 不블可가
ᄒᆞ니 旣긔委위質지爲위臣신ᄒᆞ고 又우求구殺살
之지면 是시ᄂᆞᆫ 二이心심也야ㅣ니 凡범吾오所
소爲위者쟈ㅣ 極극難난耳이나 然연ᄂᆡ 所소
以이爲위此ᄎᆞ者쟈ᄂᆞᆫ 將쟝以이愧괴天텬下
하後후世세예 爲위人인臣신ᄒᆞ야 懷회二이心
심者쟈也야라ᄒᆞ노 襄양子ᄌᆞㅣ 出츌ᄒᆞᆯ시 讓양이
伏복橋교下하니ㅣ러 襄양子ᄌᆞ 馬마驚경ᄒᆞᆯ이어
索ᄉᆡᆨ之지 得득讓양ᄒᆞ야 遂슈殺살之지ᄒᆞ니

양이 ᄯᅩ 몸을 옷칠ᄒᆞ야 헌병이 되고 숫블을

머금어벙어리되야단이며쳐자의가빌거
놀그안해ᄂᆞᆫ아디못ᄒᆞ고그벗이아라골오
뒤그뒤지됴로배됴밍의게신하되여셤기
면반다시갓가이고임을어드리니그더이
에위ᄒᆞ야ᄒᆞ고겨ᄒᆞᄂᆞᆫ배도로혀쉽디아니
ᄒᆞ나엇지이에스스로괴롭기롤이ᄀᆞᆺ치ᄒᆞ
ᄂᆞ뇨양이골오뒤가치아니ᄒᆞ다임이몸을
보려신해되고ᄯᅩ죽이믈구ᄒᆞ면이ᄂᆞᆫ두ᄆᆞ
옴이니무릇버ᄒᆞᄂᆞᆫ배ᄆᆞ장어려오나그러
나빼이리ᄒᆞᄂᆞᆫ바ᄂᆞᆫ장ᄎᆞᆺ배텬하후셰예사

ᄅᆞᆷ의신하되여두ᄆᆞ음품으니올븟그렵게
ᄒᆞ노라양ᄌᆞㅣ나갈시양이ᄃᆞ리아래업ᄃᆞ
렷더니양ᄌᆞ의몰이놀나거ᄂᆞᆯ구식ᄒᆞ야양
을어더드듸여죡이다

襄양子ᄌᆞㅣ立닙伯ᄇᆡᆨ魯노之지孫손浣완ᄒᆞ니
是시爲위獻헌子ᄌᆞㅣ라獻헌子ᄌᆞㅣ生싱烈렬
侯후ᄒᆞ籍젹ᄒᆞ니以이周듀威위烈렬王왕命명으로
爲위侯후ᄒᆞ다歷녁武무公공敬경侯후成셩侯
후ᄒᆞ야至지肅슉侯후ᄒᆞ니秦진人인이恐공喝갈
諸졔侯후ᄒᆞ야求구割할地디러라

양ᄌᆞㅣ ᄇᆡᆨ노의 손ᄌᆞ 완을 셰오니 이 헌ᄌᆞㅣ라 헌ᄌᆞㅣ 렬후 젹을 나ᄒᆞ니 쥬 위렬왕 명으로 배졔후ㅣ 되다 무공과 경후과 셩후를 디나 슉후의 니ᄅᆞ니 진 사ᄅᆞᆷ이 졔후를 져허ᄒᆞ다 버ᄒᆞ믈 구ᄒᆞ더라

有유洛락陽양蘇소秦진이 游유說셰秦진惠혜王왕ᄒᆞᆫ대 不블用용이어ᄂᆞᆯ 乃내往왕說셰燕연文문侯후ᄒᆞ야 與여趙됴로 從죵親친ᄒᆞ라ᄒᆞᆫ대 燕연이 資ᄌᆞ之지ᄒᆞ야 以이至지趙됴ᄒᆞ야 說셰肅슉侯후曰왈 諸졔侯후之지卒졸이 十십倍비於어

秦진이라 并병力녁西셔向향이면 秦진必필破파
矣의리니 爲위大대王왕計계컨ᄃᆡ 莫막若약六뉵
國국이 從종親친ᄒᆞ야 以이擯빈秦진이라ᄒᆞᆫᄃᆡ 肅슉
侯후ㅣ 乃내資ᄌᆞ不之지ᄒᆞ야 以이約약諸졔侯후
ᄒᆞ다 蘇소秦진이 以이鄙비諺언으로 說셰諸졔侯
후 日왈 寧령爲위鷄계口구ㅣ언뎡 無무爲위牛
우後후ㅣ라ᄒᆞ니 於어是시에 六뉵國국이 從종合
합ᄒᆞ다
락양소진이이셔진혜왕을노라다린뒤브스
디아니ᄒᆞ거ᄂᆞᆯ이에가연문후ᄅᆞᆯ다래여됴

로더부러종친ᄒᆞ라ᄒᆞᆫ듸연이치장을도와
뻬됴의니르러슉후롤다래여골오뒤졔후
의균ᄉᆞㅣ진의녀열비나호디라힘을아오
려녀로향ᄒᆞ면진이반다시파ᄒᆞ리니뒤왕
을위ᄒᆞ야혜아리건뒤여숫나라히종친ᄒᆞ
야뻬진을내칠만ᄀᆞᆺ디못ᄒᆞ다ᄒᆞᆫ듸슉후ㅣ
이에치장을도와뻬졔후과언약ᄒᆞ다소진
이더러온샹햇ᄇᆞᆫ로뻬졔후을다래여골오
뒤출라히ᄃᆞᆰ의입이될디언뎡쇠밋치되지
말거시라ᄒᆞ니이에여숫나라히종합ᄒᆞ다

蘓소秦진者자ᄂᆞᆫ事ᄉᆞ鬼귀谷곡先션生ᄉᆡᆼᄒᆞ니

라 初초애 出츌遊유ᄒᆞ야 困곤而이歸귀ᄒᆞ니 妻쳐

不블下하機긔ᄒᆞ고 嫂수不블為위炊취러니 至지

是시ᄒᆞ야 為위從종約약長댱ᄒᆞ야 并병相샹六뉵

國국ᄒᆞ야 行ᄒᆡᆼ過과洛락陽양ᄒᆞᆯᄉᆡ 車거騎긔輜치

重듕이 擬의於어王왕者자ㅣ라 昆곤弟뎨妻쳐

嫂수ㅣ 側측目목ᄒᆞ야 不블敢감仰앙視시ᄒᆞ고 俯

부伏복侍시ᄒᆞ야 取취食식이어ᄂᆞᆯ 蘇소秦진이 笑

쇼曰왈何하前젼倨거而이後후恭공也야오

嫂수ㅣ 曰왈見견季계子ᄌᆞㅣ 位위高고金금

多다也야ㅣ니라 秦진이 喟위然연歎탄曰왈此
ᄎᆞ一일人인之지身신이富부貴귀則즉親친
戚쳑이畏외懼구之지ᄒᆞ고貧빈賤쳔則즉輕경
易아之지어든 況황衆즁人인乎호아使ᄉᆞ我아
로有유洛락陽양負부郭곽田뎐二이頃경이면
豈긔能능佩패六뉵國국相샹印인乎호ㅣ리오
於어是시에散산千쳔金금ᄒᆞ야以이賜ᄉᆞ宗죵
族족朋붕友우ᄒᆞ다
소진은귀곡션ᄉᆡᆼ을스승ᄒᆞ니라처음의나
가노라곤ᄒᆞ야도라오니안해뵈틀의ᄂᆞ리

디아니ᄒᆞ고아ᄌᆞ미위ᄒᆞ야밥짓디아니ᄒᆞ
더니이에니르러죵약의웃듬이되여여ᄉᆞᆺ
나라희아오려졍승이되여힝ᄒᆞ여락양을
디날ᄉᆡ수릐몰트니파짐바리남금의게뎐
호ᄂᆞᆫ디라못파아ᄋᆞ파안해파아ᄌᆞ미ᄂᆞᆫ을
기오려감히우러러보디못ᄒᆞ고구버엽ᄃᆞ
려뫼셔음식을가져오거ᄂᆞᆯ소진이웃고골
오뒤엇디뎐의ᄂᆞᆫ업슈이너기고후에ᄂᆞᆫ공
슌ᄒᆞ뇨아ᄌᆞ미골오뒤계ᄌᆞ의벼슬이놉고
금이만홈을봄이니라소진이위연히탄식

ᄒᆞ야골오ᄃᆡ이효사ᄅᆞᆷ의몸이가음열고귀
ᄒᆞ면권당이무셔워ᄒᆞ고가난ᄒᆞ고쳔ᄒᆞ면
경이히너기거든ᄒᆞ믈며뭇사ᄅᆞᆷ가날로ᄒᆞ
여곰락양의셩진밧두이랑을두면엇디능
히여솟나라졍승인올ᄎᆞ리오이에쳔금을
ᄒᆞᆺ터ᄢᅧ권당과벗을주다
旣긔定뎡從죵約약ᄒᆞ고歸귀趙됴ㅣᄒᆞ니肅슉侯후
ㅣ封봉爲위武무安안君군ᄒᆞ다其기後후에秦
진이使ᄉᆞ犀셔首슈로欺긔趙됴ᄒᆞ야欲욕敗패
從죵約약ᄒᆞ야齊졔魏위ㅣ伐벌趙됴ᄃᆞᆫㅣ어蘇소

秦진이恐공ᄒᆞ야去거趙됴而이從죵約약이解
ᄒᆡᄒᆞ다
임의죵약을졍ᄒᆞ고됴의도라오니슉후ㅣ
봉ᄒᆞ야무안군을삼다그후에진이셔슈로
ᄒᆞ여곰됴를소겨죵약을패코져ᄒᆞ야제과
위ㅣ됴를치거놀소진이무셔워됴를ᄇᆞ리
고나가미죵약이프러지다
肅슉侯후의子不武무靈령王왕이立닙ᄒᆞ야始
시胡호服복으로招쵸騎긔射샤ᄒᆞ야略략胡호地
디ᄒᆞ고[illegible]를[illegible]등山산ᄒᆞ고欲욕南남襲습秦진이러니

가不블果과ᄒᆞ야
슉후의아ᄃᆞᆯ무령왕이셔비로소되오ᄉᆞ로
ᄆᆞᆯ타고활ᄡᅩᄂᆞ니ᄅᆞᆯ블러되ᄯᅡ흘노략ᄒᆞ고
듕산을멸ᄒᆞ고남으로진을ᄡᅩ고져ᄒᆞ다가
과연치못ᄒᆞ다
傳뎐子ᄌᆞ惠혜文문王왕ᄒᆞ야惠혜文문이嘗샹
得득楚초和화氏시璧벽ᄒᆞ니秦진昭소王왕이
請쳥以이十십五오城셩으로易역之지어ᄂᆞᆯ欲욕
不블與여ᄒᆞ면畏외秦진強강ᄒᆞ고欲욕與여ᄒᆞ면恐
공見견欺기ᄒᆞ려藺닌相샹如여ㅣ願원奉봉璧

벽往왕ᄒᆞ야城셩不블入입則즉臣신이請쳥完
완璧벽而이歸귀ᄒᆞ리이다既긔至지에秦진王왕
이無무意의償샹城셩ᄒᆞᆯ기어相샹如여ㅣ乃내
紿틔取취璧벽ᄒᆞ니怒노髮발이指지冠관이러라
卻각立닙柱쥬下하曰왈臣신頭두與여璧벽
으로俱구碎쇄라ᄒᆞ고遣견從죵者쟈懷회璧벽ᄒᆞ야
間간行힝先션歸귀ᄒᆞ고身신待디命명於어秦
진ᄒᆞ니秦진昭쇼王왕이賢현而이歸귀之지ᄒᆞ다
아돌혜문왕의게뎐ᄒᆞ다혜문이일즉초화
시구실을어더시니진쇼왕이쳥호디열다

숫고올로빼밧고와지라ᄒᆞ거ᄂᆞᆯ주지아니
코져ᄒᆞ되진이강홈을무셔워ᄒᆞ고주고셔
호뒤소괴믈볼가저허ᄒᆞ더니빈샹여ㅣ원
권뒤구슬을밧드러가셩을드리디아니ᄒᆞ
면신이쳥권뒤구슬을굿게ᄒᆞ야도라오리
이다임의니르매진왕이셩갑플ᄉᆞ디업거
ᄂᆞᆯ샹여ㅣ이에소게구슬을가지니노호머
리터럭이관을ᄀᆞ르치더라믈러기동아래
셔골오뒤신이머리과다몯구슬로홈ᄭᅴ브
으치리라ᄒᆞ고조ᄎᆞ니로ᄒᆞ여곰구슬을ᄇᆞᆷ

어ᄉᆞ이로가몬져보ᄂᆡ고몸이목숨을진의

기도로니진쇼왕이어디리너겨도라보내

다

秦진王왕이約약趙됴王왕ᄒᆞ야會회澠면池디

ᄒᆞᆯᄉᆡ相상如여ㅣ從종ᄒᆞ니ᄀᆡ러及급飮음酒쥬에秦

진王왕이請쳥趙됴王왕鼓고瑟슬ᄒᆞ거ᄂᆞᆯ趙됴

王왕이鼓고之지ᄒᆞᆫ대相상如여ㅣ請쳥秦진王

왕擊격缶부ᄒᆞ야爲위秦진聲셩ᄒᆞ라ᄒᆞᆫ대秦진王왕

이不블肯긍ᄒᆞ거ᄂᆞᆯ相샹如여ㅣ曰왈五오步보

之지內ᄂᆡ예臣신이得득以이頸경血혈로濺

천大대王왕라ᄒᆞ리 左좌右우ㅣ欲욕刃이之지

어ᄂᆞᆯ 相샹如여ㅣ叱즐之지ᄒᆞ니 皆기靡미라ᄒᆞ더 秦

진王왕이 爲위一일擊격缶부ᄒᆞ다ᄒᆞ 秦진이終죵

不블能능有유加가於어趙됴ᄒᆞ고 趙됴ㅣ亦역

盛셩爲위之지備비ᄒᆞ니 秦진이不블敢감動동

이러라

진왕이됴왕과연약ᄒᆞ야면디에모들시샹

여ㅣ조차깃더니밋술을머그매진왕이됴

왕을쳥ᄒᆞ야비파롤ᄐᆞ라ᄒᆞ야놀됴왕이ᄐᆞ

다샹여ㅣ진왕을쳥ᄒᆞ야댱고롤텨진소리

를ᄒᆞ라ᄒᆞ되진왕이즐겨아니ᄒᆞ거ᄂᆞᆯ샹여
ㅣ골오되다ᄉᆞᆺ거름안히신이시러곰목의
피로ᄡᅥ뎌왕을적시리라좌우ㅣᄯᅡᄅᆞ고져
ᄒᆞ거ᄂᆞᆯ샹여ㅣᄭᅮ지즈니다ᄡᅳ러디더라진
왕이위ᄒᆞ야ᄒᆞᆫ번댱고ᄅᆞᆯ치다진이무ᄎᆞᆷ내
능히됴의더ᄒᆞ미잇디몯ᄒᆞ고됴ㅣᄯᅩᄒᆞᆫ셩
히위ᄒᆞ야막ᄌᆞᄅᆞ니진이감히움즈기디몯
ᄒᆞ더라

趙됴王왕이歸귀ᄒᆞ야以이相샹如여로爲위上
샹卿경ᄒᆞ야在ᄌᆡ廉념頗파右우ᄒᆞᆫ대頗파ㅣ曰왈

我아ㅣ爲위趙됴將쟝ᄒᆞ야 有유攻공城셩野야戰젼之지功공이어니와 相샹如여ᄂᆞᆫ 素소賤쳔人인이라 徒도以이口구舌셜로 居거我아上샹ᄒᆞ니 吾오ㅣ羞슈爲위之지下하ᄒᆞ노니 我아見견相샹如여ㅣ면 必필辱욕之지ᄒᆞ리라 相샹如여ㅣ聞문之지ᄒᆞ고 每미朝됴에 稱칭疾질ᄒᆞ야 不블欲욕與여爭정列렬ᄒᆞ고 出츌望망見견에 輒텹引인車거避피匿닉ᄒᆞ더니 其기舍샤人인이 皆기以이爲위恥치어ᄂᆞᆯ 相샹如여ㅣ曰왈 夫부以이秦진之지威위로도 相샹如여ㅣ廷뎡叱즐之지ᄒᆞ야 辱

욕其기羣군臣신ᄒᆞ야相샹如여ㅣ雖슈駑로나獨독畏외廉념將쟝軍군哉ᄌᆡ아顧고念렴強강秦진이不블加가於어趙됴者쟈ᄂᆞᆫ徒도以이吾오兩냥人인이在ᄌᆡ也야ㅣ니今금애兩냥虎호ㅣ共공鬪투면ㅣ其기勢셰不블俱구生싱ᄒᆞ리니吾오所소以이爲위此ᄎᆞ者쟈ᄂᆞᆫ先션國국家가之지急급而이後후私ᄉᆞ仇구也야ᄒᆞ노라頗파ㅣ聞문之지ᄒᆞ고肉육袒단負부荊형ᄒᆞ고詣예門문謝샤罪죄ᄒᆞ고遂슈爲위刎문頸경之지交교ᄒᆞ다

됴왕이도라와샹여로ᄡᅢ샹경을삼아념파
우에둔대파ㅣᄀᆞᆯ오ᄃᆡ내듯장슈ㅣ되여셩
을치고들희ᄡᅡᄒᆞᆫ공이잇거니와샹여ᄂᆞᆫ본
ᄃᆡ쳔ᄒᆞᆫ사ᄅᆞᆷ이라ᄒᆞᆫ갓닙의혀로ᄡᅥ내우희
이시니내아래됨을븟그려ᄒᆞ노니내샹여
ᄅᆞᆯ보면반다시욕ᄒᆞ리라샹여ㅣ듯고ᄆᆡ양
됴회ᄒᆞᆯ제병들라칭ᄒᆞ야더부러버러안셰
ᄅᆞᆯᄃᆞ토고져아니ᄒᆞ고나가ᄇᆞ라보미문득
수뤼ᄅᆞᆯ혀피ᄒᆞ야숨은ᄃᆡ그집사ᄅᆞᆷ이다ᄡᅢ
븟그려ᄒᆞ거ᄂᆞᆯ샹여ㅣᄀᆞᆯ오ᄃᆡ진의위엄으

로ᄲᅥ도 샹여ㅣ 압희셔 ᄭᅥ지저 그믓 신하ᄅᆞᆯ
욕ᄒᆞ니 샹여ㅣ 비록 노태마 ᄀᆞᆺ타나 홀로 념
장군을 두려ᄒᆞ랴 도로혀 ᄉᆡᆼ각ᄒᆞ건ᄃᆡ 강ᄒᆞᆫ
진이 됴의 더ᄒᆞ디 못ᄒᆞᆷ은 ᄒᆞᆫ갓 ᄲᅥ우리 두 사
ᄅᆞᆷ이 이시미니 이제 두 범이 ᄒᆞᆫ가지로 ᄡᅡ호
면 그 세 다 사지 못ᄒᆞᆯ 거시니 네 ᄲᅥ이리 ᄒᆞᄂᆞᆫ
바ᄂᆞᆫ 나라흐 급ᄒᆞᆫ 거ᄉᆞᆯ 몸져ᄒᆞ고 ᄉᆞᄉᆞ 원슈
ᄅᆞᆯ 후에 ᄒᆞ노라 패 듯고 엇게ᄅᆞᆯ ᄉᆞᆯ나게 베와
사 가ᄉᆡᄅᆞᆯ 지고 문의 나아가 샤죄ᄒᆞ고 드듸
여 멱딜러 죽ᄂᆞᆫ 사괴미 되다.

惠혜文문王왕의子ᄌᆞ孝효成셩王왕이立닙
ᄒᆞ다秦진이伐벌韓한이어ᄂᆞᆯ韓한上샹黨당이降
항於어趙됴ᄒᆞ니秦진이攻공趙됴ᄒᆞᆫᄃᆡ廉렴頗파
ㅣ軍군長댱平평ᄒᆞ야堅견壁벽不블出츌이러라
秦진人인이行ᄒᆡᆼ千쳔金금ᄒᆞ야爲위反반間간
曰왈秦진이獨독畏외馬마服복君군趙됴奢
샤之지子ᄌᆞ括괄이爲위將쟝耳이라ᄒᆞᆫᄃᆡ王왕
이使ᄉᆞ括괄로代대頗파어ᄂᆞᆯ相샹如여ㅣ曰왈
王왕이以이名명으로使ᄉᆞᄒᆞ시니括괄은若약膠
교柱듀鼓고瑟슬耳이라括괄이徒도能능讀

독父부書셔ᄒᆞ고不블知디合합變변也야ㅣ니이다
王왕이不블聽청ᄒᆞ다
혜문왕의아ᄃᆞᆯ효셩왕이셔다진이한을치
거ᄂᆞᆯ한샹당이됴의항복ᄒᆞ니진이됴ᄅᆞᆯ친
뒤념패ㅣ댱평의딘텨벽을구지ᄒᆞ고나지
아니ᄒᆞ더라진사ᄅᆞᆷ이쳔금을항ᄒᆞ야반간
ᄒᆞ야ᄀᆞᆯ오ᄃᆡ진이홀로마복군됴샤의아ᄃᆞᆯ
괄이장슈ㅣ되믈저허ᄒᆞᄂᆞ다ᄒᆞᆫᄃᆡ왕이괄로
ᄒᆞ여곰념파을ᄃᆡᄒᆞ야ᄂᆞᆯ샹여ㅣᄀᆞᆯ오ᄃᆡ왕
이일홈으로ᄡᅢ부리시니괄은기동을부치

고비화을톰ᄀᆞᆺ트니라괄이혼갓능히아븨
글만닑고합ᄒᆞ야변혼줄을아지못ᄒᆞ니
이다왕이듯디아니ᄒᆞ다
括괄이少쇼學학兵병法법ᄒᆞ야以이天텬下하
ㅣ莫막能능當당이라ᄒᆞ야與여父부奢샤로言언
之지ᄒᆞ니奢샤ㅣ不블能능難난ᄒᆞ나然연이나不블
謂위善션也야ㅣ뇌어括괄母모ㅣ問문故고ᄒᆞᆫ뒤
奢샤ㅣ曰왈兵병은死ᄉᆞ地디也야而이括괄
이易이言언之지ᄒᆞ니趙됴若약將쟝括괄이면必
필破파趙됴軍군이라ᄒᆞ더라及급括괄이將쟝行

힘에其기毋모ㅣ上샹書셔ᄒᆞ야言언括괄의不
불可가使ᄉᆞᄒᆞ다括괄이至지軍군ᄒᆞ야果과爲위
秦진將쟝白ᄇᆡᆨ起긔의所소射셕殺살ᄒᆞ고卒졸
四ᄉᆞ十십萬만이皆기降항ᄒᆞ니坑깅於어長댱
平평ᄒᆞ다

괄이졈어셔병법을ᄇᆡ화ᄢᅧ텬하ㅣ능히당
ᄒᆞ리업ᄉᆞ리라ᄒᆞ야아비샤로더부러말ᄒᆞ
니샤ㅣ능히변난치못ᄒᆞ나그러나잘ᄒᆞ다
니ᄅᆞ지아니ᄒᆞ거ᄂᆞᆯ괄의어미연고을무르
뒤샤ㅣᄀᆞᆯ오ᄃᆡ병은주글ᄯᅡ히어ᄂᆞᆯ괄이수

이닐ᄋᆞ니됴ㅣ만일에괄을쟝슈ᄒᆞ면반ᄃᆞ
시됴군을파ᄒᆞ리라ᄒᆞ더라밋괄이쟝ᄎᆞᆺ힝
ᄒᆞᆯ제그어미글을올려괄의가히부리디못
ᄒᆞᆯ줄을니ᄅᆞ다괄이군의니ᄅᆞ러과연히진
쟝슈ᄇᆡᆨ긔의ᄡᅩ여죽은배되고군ᄉᆞᄉᆞ십만
이다항복ᄒᆞ니댱평의뭇다
趙됴相샹平평原원君군公공子ᄌᆞ不勝승의食
식客ᄀᆡᆨ이常샹數수千쳔人인이러라客ᄀᆡᆨ有유
公공孫손龍룡者쟈ㅣ能능為위堅견白ᄇᆡᆨ同
동異이之지辯변ᄒᆞ더라

됴경승평원군공ᄌᆞ승의밥먹ᄂᆞᆫ손이샹해
수천인이러라손공손룡쟈ㅣ이셔능히굳
고희고ᄀᆞᆺ고다ᄅᆞ다ᄒᆞᆫ논변을ᄒᆞ더라
秦진이攻공趙됴邯한鄲단ᄂᆞᆯ이어平평原원君
군이求구救구於어楚초ᄒᆞᆯᄉᆡ擇틱門문下하文
문武무備비具구者쟈二이十십人인ᄒᆞ야與여
俱구ᄒᆞ대得득十십九구人인이러니毛모遂슈ㅣ
自ᄌᆞ薦쳔ᄒᆞ대平평原원君군이曰왈士ᄉᆞㅣ處
쳐世셰若약錐之處쳐囊랑中듕ᄒᆞ야其기末말
이立닙見현ᄒᆞᄂᆞ니今금先션生ᄉᆡᆼ이處쳐門문

下하ㅣ 三삼年년이로ᄃᆡ 未미有유聞문이로다 遂슈ㅣ 曰왈 使ᄉᆞ遂슈로 得득處처囊낭中듕이면 乃내脫탈穎영而이出츌이니 非비特특末말見현而이已이니라 平평原원君군이 乃내以이備비數수ᄒᆞ니 十십九구人인이 目목笑쇼之지ᄒᆞ더라

·진이됴한단을치거ᄂᆞᆯ평원군이구완을초의구ᄒᆞᆯᄉᆡ문하의글과ᄒᆞ반ᄀᆞᄌᆞᆫ이스무사ᄅᆞᆷᄅᆞᆯᄀᆞᆯᄒᆡ여ᄒᆞᆷᄭᅴ가랴ᄒᆞᄃᆡ열아홉사ᄅᆞᆷ을어덧더니모슈ㅣ스스로쳔거ᄒᆞᄃᆡ평원군

이ᄀᆞᆯ오ᄃᆡ션비셰샹의이시미숑곳ᄎᆞᆯᄂᆞᆫ못
가온대둠ᄆᆞ투야그긋치즉제나타나누니
이제션싱이문하의이션디셰히로ᄃᆡ드로
미잇더아니ᄒᆞ도다슈ㅣᄀᆞᆯ오ᄃᆡ슈로ᄒᆞ여
끔시러끔ᄂᆞ못가은ᄃᆡ두면이에줄기버셔
뎌날거시니ᄒᆞ갓긋치나타날ᄲᅮᆫ이아니니
라평원군이이에버수롤ᄆᆞᆺ초니열아홉사
ᄅᆞᆷ이ᄂᆞᆫ주이웃더라
조지楚초ᄒᆞ야定뎡從죵不불決결놀이어毛모遂
슈ㅣ按안劒검歷력階계升승曰왈從죵之지

利니害해ᄂᆞᆫ兩냥言언而이決결耳이니今금
에日일出츌而이言언ᄒᆞ야日일中듕不블決결
은何하也야오楚초王왕이怒노叱즐曰왈胡
호不블下하오吾오ㅣ與여而이君군으로言언
ᄒᆞ니汝여ᄂᆞᆫ何하爲위者쟈오毛모遂슈ㅣ按안
劍검而이前젼曰왈王왕所소以이叱즐遂슈
ᄂᆞᆫ以이楚초國국之지衆즁也야ㅣ라今금十십
步보之지內ᄂᆡ예不블得득恃시楚초國국之
지衆즁也야ㅣ니王왕之지命명이懸현於어遂
슈手수슈라ㅣ니以이楚초之지強강으로天텬下하

ㅣ莫막能능當당ᄒᆞᆯ이어白ᄇᆡᆨ起긔ᄂᆞᆫ少쇼豎슈
子ᄌᆞ耳이뒤로一일戰뎐而이擧거鄢련郢령ᄒᆞ고
再ᄌᆡ戰뎐而이燒쇼夷이陵릉ᄒᆞ고三삼戰뎐而
이辱욕王왕之지先션人인ᄒᆞ니此ᄎᆞᄂᆞᆫ百ᄇᆡᆨ世
셰之지怨원이오趙됴之지所소羞슈ㅣ니合합從
죵은爲위楚초ㅣ오非비爲위趙됴也야ㅣ니라
초의ᄂᆞᆯ으려죵약경ᄒᆞ기ᄅᆞᆯ결단치아니ᄒᆞ
거ᄂᆞᆯ모슈ㅣ환도ᄅᆞᆯ딥고섬을디나올라가
골오ᄃᆡ죵약의니ᄒᆞ며해홈은두말의결단
ᄒᆞᆯ거시니이제날이나며말ᄒᆞ야날이가온

뒤로뒤결단치아니홈은엇디오초왕이노
ᄒᆞ야샤지저골오뒤엇지ᄂᆞ려가지아니ᄒᆞ
ᄂᆞ뇨네데님금으로더부러말ᄒᆞ니너ᄂᆞᆫ엇
더호쟈오모슈ㅣ환도ᄅᆞᆯ딥고나아가골오
ᄃᆡ왕이벼슈랄샤진ᄂᆞᆫ바ᄂᆞᆫ춋나라ᄒᆡ만ᄒᆞ
므로배나이제열거룸안히시러곰춋나라
히만흠을믿디못홀거시니왕의목숨이슈
의손의달렷ᄂᆞ니라초의강ᄒᆞ므로배텬하
ᄅᆡ능히당ᄒᆞ리업거ᄂᆞᆯ뵈긔ᄂᆞᆫ죠고만속그
련아히로뒤호번빠화언령을들고두번빠

화이릉을불지르고세번빠화왕의션인을
욕ᄒᆞ니이ᄂᆞᆫ뵉ᄃᆡ예원망이요됴의븟그러
온배니합죵은초롤위ᄒᆞ미이오됴롤위ᄒᆞ
미아니니라

王왕이曰왈惟유惟유라誠셩若약先션生생
之지言언ᄒᆞ샤謹근奉봉社샤稷직ᄒᆞ야以이從죵
호리라 遂슈ㅣ曰왈取취鷄계狗구馬마之지血
혈來릭ᄒᆞ라 捧봉銅동盤반跪궤進진曰왈王
왕이當당歃삽血혈ᄒᆞ고以이定뎡從죵ᄒᆞ소次
ᄎᆞ者자ᄂᆞᆫ吾오君군이오次ᄎᆞ者자ᄂᆞᆫ遂슈ㅣ라ᄒᆞ고

左좌手슈로持디盤반ᄒᆞ고右우手슈로招쵸十
십九구人인ᄒᆞ야歃삽血혈於어堂당下하曰왈
公공等등은祿녹祿녹ᄒᆞ니所소謂위因인人인
成셩事ᄉᆞ者자也야ㅣ라
왕이ᄀᆞᆯ오ᄃᆡ유유ㅣ라진실로션ᄉᆡᆼ의말ᄉᆞ
ᄃᆡ니삼가샤직을밧드러ᄇᆡ종약ᄒᆞ리라슈
ㅣᄀᆞᆯ오ᄃᆡ ᄃᆞᆰ과ᄀᆡ과ᄆᆞᆯ피를가져오라ᄒᆞ야
구리쇠반의밧드러ᄭᅮ러나와ᄀᆞᆯ오ᄃᆡ왕이
맛당이피를마시고ᄇᆡ종약을뎡ᄒᆞ소셔버
그ᄂᆡ눈우리님금이오버그ᄂᆡ눈수ㅣ라ᄒᆞ

고 왼손으로 반을 가지고 올ᄒᆞᆫ손으로 열아홉 사ᄅᆞᆷ을 불러 피ᄅᆞᆯ 당아리 마시여 ᄀᆞᆯ오ᄃᆡ 그ᄃᆡ 등은 녹녹ᄒᆞᆫ 니ᄅᆞᆫ 바 사ᄅᆞᆷ을 인ᄒᆞ야 일을 일오리로다

平평原원君군이 定뎡從죵歸귀曰왈 毛모先션生ᄉᆡᆼ이 一일至지楚초ᄒᆞ야 使ᄉᆞ趙됴로 重듕於어九구鼎뎡大대呂려ㅣ라 ᄒᆞ고 以이遂슈로 爲위上샹客ᄀᆡᆨᄒᆞ다 楚초將장春츈申신君군이 救구趙됴ᄒᆞ고 會회魏위信신陵릉君군이 亦역來ᄅᆡ救구趙됴ᄒᆞ야 大대破파秦진軍군邯한鄲단

下하야

평원군이 죵약을 뎡ᄒᆞ고 도라와 ᄀᆞᆯ오ᄃᆡ 모

션ᄉᆡᆼ이 ᄒᆞᆫ번 쵸의 니ᄅᆞ러 됴로ᄒᆞ여곰 구뎡

과 대려의셔 무겁게 ᄒᆞ다 ᄒᆞ고 슈로ᄡᅥ 웃듬

손을 삼다 將쟝슈 춘신군이 됴ᄅᆞᆯ 구완ᄒᆞ고

마초와 위신릉군이 ᄯᅩ와 됴ᄅᆞᆯ 구완ᄒᆞ야 진

군을 한단 아리 코게 파ᄒᆞ다

孝효成셩王왕의 子ᄌᆞ悼도襄양王왕이 立닙

ᄒᆞ야 思ᄉᆞ復부用용廉념頗파爲위將쟝ㅣ이러니 時

시예 頗파ㅣ 奔분在지魏위ᄂᆞᆯ어 遣견人인視시

頗파ᄒᆞᆯ시頗파之지仇구郭곽開개與여使ᄉᆞ者
자金금ᄒᆞ야令령毁훼之지ᄒᆞ다頗파ㅣ見견使ᄉᆞ
者자ᄒᆞ고一일飯반애斗두米미肉육十십斤근
ᄒᆞ고被피甲갑上샹馬마ᄒᆞ야以이示시可가用용
이러라使ᄉᆞ者자ㅣ還환曰왈廉념將장軍군이
尙샹善션飯반ᄒᆞ니然연이나與여臣신으로坐좌ᄒᆞ야
頃경之지예三삼遺유矢시矣의리이다ᄒᆞ야ᄂᆞᆯ王왕
이以이爲위老노ㅣ라ᄒᆞ야遂슈不블召쇼ᄒᆞ다楚초
人인이迎영頗파於어魏위ᄒᆞ되頗파ㅣ爲위楚
초將장ᄒᆞ다無무功공曰왈我아ㅣ思ᄉᆞ用용趙

61a

됴ᄉᆞ인이라ᄒᆞ더니륙심卒졸ᄒᆞ다
효셩왕의아돌도양왕이셔념파ᄅᆞᆯ다시ᄇᆡ
쟝슈삼으믈싱각ᄒᆞ더니ᄯᆡ예파ㅣ두라가
위예잇거ᄂᆞᆯ사ᄅᆞᆷ을보ᄂᆡ여파ᄅᆞᆯ볼ᄉᆡ파의
원슈곽기ᄉᆞ쟈ᄅᆞᆯ금을쥬어ᄒᆞ여곰헛ᄲᅳ리
게ᄒᆞ다파ㅣᄉᆞ쟈ᄅᆞᆯ보고ᄒᆞᆫ번밥머글제ᄆᆞᆯ
ᄡᆞᆯ과고기열근을ᄒᆞ고갑을닙고ᄆᆞᆯ게올라
ᄇᆡ가히ᄡᅳ이믈뵈더라ᄉᆞ쟈ㅣ도라와ᄀᆞᆯ오
뒤념쟝군이오히려밥을잘머그나그러나
신으로더부러안자져근더뒤세번ᄯᅩᆼ을ᄇᆞᆺ

더이다ᄒᆞ야놀왕이볘ᄒᆸ다ᄒᆞ야드듸여부
르디아니ᄒᆞ다奘사ᄅᆞᆷ이파ᄅᆞᆯ위예가마존
ᄃᆡ파ㅣ奘장슈ㅣ되여공이업셔골오ᄃᆡ내
됴사ᄅᆞᆷᄡᅳ리ᄅᆞᆯᄉᆡᆼ각ᄒᆞ노라ᄒᆞ더니이윽고
죽다
趙됴ㅣ得득李니牧목爲위將쟝ᄒᆞ니先션居거
北븍邊변ᄒᆞ야破파匈흉奴노ᄒᆞ다悼도襄양王왕
의子ᄌᆞ幽유繆목王왕遷쳔이立닙ᄒᆞ니秦진王
왕政졍이遣견兵병攻공趙됴ᄂᆡ어牧목이爲
위大대將쟝ᄒᆞ야敗패之지ᄒᆞ다秦진이縱죵反반

間간ᄒᆞ야言언牧목이將쟝叛반이라ᄒᆞ야ᄂᆞᆯ遷쳔이誅쥬之지ᄒᆞ니秦진兵병이至지ᄒᆞ야虜노遷쳔ᄒᆞ다趙됴之지亡망大대夫부ㅣ立닙趙됴嘉가爲위王왕ᄒᆞ야王왕于우代ᄃᆡ러니秦진이進진攻공破파代ᄃᆡᄒᆞ고遂슈滅멸趙됴爲위郡군ᄒᆞ다

됴ㅣ니목을어더쟝슈를삼으니몬져북녁ᄀᆞ의이셔흉노을파ᄒᆞ다도양왕의아ᄃᆞᆯ유목왕쳔이셔니진왕졍이병을보내여됴를치거ᄂᆞᆯ목이큰쟝슈ㅣ되여패ᄒᆞ다진이반간을노하ᄂᆞᆯ오ᄃᆡ목이쟝ᄎᆞᆺ반ᄒᆞᆫ다ᄒᆞ야ᄂᆞᆯ

쳔이버히니진병이니르러쳔을사ᄅᆞ잡다

됴의도망ᄒᆞᆫ대부ㅣ됴가ᄅᆞᆯ셰워왕을삼아

뒤예왕ᄒᆞ얏더니진이나아와텨뒤ᄅᆞᆯ파ᄒᆞ

고드듸여됴ᄅᆞᆯ멸ᄒᆞ야고을을삼다

魏위之지先션은本본與여周쥬로同동姓셩

이니文문王왕의子ᄌᆞ畢필公공高고之지後후

也야ㅣ라國국絶졀에有유苗묘裔예曰왈畢필

萬만이事ᄉᆞ晉진ᄒᆞ야邑읍于우魏위ᄒᆞ니數수世

셰에有유絳강ᄒᆞ니絳강後후四ᄉᆞ世셰에有유

桓환子ᄌᆞ者쟈ㅣ與여韓한趙됴로共공滅멸

智디氏시而이分분之지ᄒᆞ야

위의몬져ᄂᆞᆫ본이쥬로더부러호령이니문
왕의이돌필공고의후ㅣ라나라히굿처디
매ᄒᆞᆺᄌᆞ손이이시니ᄀᆞᆯ온필만이진을셤겨
위예도읍ᄒᆞ다두어디예강이잇다강의후
네디예환ᄌᆞㅣ이셔한과됴로더부러호가
디로디시ᄅᆞᆯ멸ᄒᆞ고ᄂᆞᆫ호다

桓환子ᄌᆞ之지孫손曰왈文문侯후斯ᄉᆞ者쟈
ㅣ以이周쥬威위烈녈王왕命명으로爲위侯후
ᄒᆞ야以이卜복子ᄌᆞ夏하田뎐子ᄌᆞ方방으로爲위

師ᄉᆞ고ᄒᆞ過과段단干간木목之지閭려애必필

式식ᄒᆞ四ᄉᆞ方방賢현士ᄉᆞㅣ多다歸귀之지

ᄒᆞ더리

환ᄌᆞ의손ᄌᆞ골손문후ᄉᆞㅣ쥬위녈왕명으

로벼후ㅣ되여복ᄌᆞ하파뎐ᄌᆞ방으로배스

승을삼고단간목의무을에디날제반다시

업두리니ᄉᆞ방의어딘션비만히도과오더

라

文문侯후之지子ᄌᆞ擊격이遇우子ᄌᆞ方방于

우道도ᄒᆞ야下하車거伏복謁알놜이어子ᄌᆞ方방

이不블爲위禮례ᄒᆞᆫ대擊격이怒노曰왈富부貴

귀者쟈ㅣ驕교人ᅀᅵᆫ乎호ᅀᅡ貧빈賤쳔者쟈ㅣ

驕교人ᅀᅵᆫ乎호ᅀᅡ子不方방이曰왈亦역貧빈

賤쳔者쟈ㅣ驕교人ᅀᅵᆫ耳ᅀᅵ니富부貴귀者쟈

ㅣ安안敢감驕교人ᅀᅵᆫ이리오國국君군이驕교

人ᅀᅵᆫ이면失실其기國국ᄒᆞ고大태夫부ㅣ驕교人

ᅀᅵᆫ이면失실其기家가ㅣ어니와夫부士ᄉᆞ는貧빈賤

쳔者쟈ㅣ라言언不블用용行ᅘᆡᆼ不블合합則즉

納납屨니而이去거니安안往왕而이不블得

득貧빈賤쳔哉ᄌᆡ리오ᄒᆞ니擊격이謝샤之지ᄒᆞ다

문후의아ᄃᆞᆯ격이ᄌᆞ방을길히셔만나수릐
예ᄂᆞ려업ᄃᆞ려뵈거ᄉᆞᆯᄌᆞ방이녜ᄒᆞ디아니
ᄒᆞᄃᆡ격이노ᄒᆞ야ᄀᆞᆯ오ᄃᆡ가음열고귀ᄒᆞ니
사ᄅᆞᆷᄅᆞᆯ업슈이녀기ᄂᆞ냐가난ᄒᆞ고쳔ᄒᆞ니
사ᄅᆞᆷᄅᆞᆯ업슈이녀기ᄂᆞ냐ᄌᆞ방이ᄀᆞᆯ오ᄃᆡᄯᅩ
ᄒᆞ가난ᄒᆞ고쳔ᄒᆞ니사ᄅᆞᆷᄅᆞᆯ업슈이너길거
시니가음열고귀ᄒᆞ니엇디감히사ᄅᆞᆷ을업
슈이너기리오나라님금이사ᄅᆞᆷ을업슈이
녀기면그나라ᄒᆞᆯ일코태우ㅣ사ᄅᆞᆷ을업슈
이녀기면그집을일커니와션비ᄂᆞᆫ가난ᄒᆞ

고쳔호이라말을ᄡᅳ디아니ᄒᆞ고힝실이합
디아니ᄒᆞ면신을신고갈거시니어ᄃᆡ가가
난ᄒᆞ고쳔호거ᄉᆞᆯ엇디못ᄒᆞ리오ᄒᆞ니겨이
作례ᄒᆞ다

文문侯후ㅣ謂위李니克극曰왈先션生ᄉᆡᆼ이
嘗샹敎교寡과人인ᄒᆞᄃᆡ家가貧빈의思ᄉᆞ良냥
妻쳐ᄒᆞ고國국亂난에思ᄉᆞ良냥相샹이라ᄒᆞ니今금
所소相샹이非비魏위成셩則즉翟뎍璜황이니
二이子ᄌᆞㅣ何하如여오克극이曰왈居거視
시其기所소親친ᄒᆞ며富부視시其기所소與여

며ᄒᆞ達달視시其기所소擧거며ᄒᆞ窮궁視시其기
所소不블爲위며ᄒᆞ貧빈視시其기所소不블取
취니五오者쟈의足죡以이定뎡之지矣의니
다子ᄌᆞ夏하田뎐子ᄌᆞ方방段단干간木목은
成셩의所소擧거也야니乃내相샹成셩ᄒᆞ니
문후ㅣ니극드려닐러ᄀᆞᆯ오ᄃᆡ셩이일죽
과인을가라치되집이가난ᄒᆞ미어던안해
를싱각ᄒᆞ고나라히어즈러옴미어딘졍승
을싱각ᄒᆞᆫ다ᄒᆞ니이제졍승ᄒᆞᆯ비위셩이아
니면덕황이니두사ᄅᆞᆷ이엇더ᄒᆞ뇨극이ᄀᆞᆯ

오ᄃᆡ사로매그친ᄒᆞᄂᆞᆫ바ᄅᆞᆯ보며가ᄋᆞᆷ열매
그주ᄂᆞᆫ바ᄅᆞᆯ보며달홈애그거쳔ᄒᆞᄂᆞᆫ바ᄅᆞᆯ
보며궁호매그ᄒᆞ디아니ᄒᆞᄂᆞᆫ바ᄅᆞᆯ보며가
난홈애그가디지아니ᄒᆞᄂᆞᆫ바ᄅᆞᆯ볼거시니
다ᄉᆞᄉᆡ족히ᄇᆡ뎡홀거시니이다ᄌᆞ하꽈뎐
ᄌᆞ방과단간목은셩의거쳔호배니이에셩
을졍승삼다

有유衛위人인吳오起긔者쟈ㅣ初초仕ᄉᆞ魯
노ᄕᆞ魯노ㅣ欲욕使ᄉᆞ起긔 로擊격齊졔而이
起긔ㅣ娶취齊졔女녀ㅣ라ㅣ疑의之지ᄂᆞᆯ이起긔ㅣ

殺살妻쳐以이求구將쟝ᄒᆞ야大대破파齊졔師
ᄉᆞᄒᆞ니或혹이曰왈起긔ᄂᆞᆫ殘잔忍인薄박行ᄒᆡᇰ
人인也야ㅣ라ᄒᆞᄃᆡ起긔ㅣ恐공得득罪죄ᄒᆞ야亡망
歸귀魏위어ᄂᆞᆯ文문侯후ㅣ以이爲위將쟝ᄒᆞ야拔
발秦진五오城셩ᄒᆞ니起긔ㅣ與여士ᄉᆞ卒졸로
同동衣의食식이러라 卒졸有유病병疽져ㅣ어ᄂᆞᆯ
起긔ㅣ吮연之지ᄒᆞᄃᆡ卒졸母모ㅣ聞문之지ᄒᆞ고
哭곡曰왈往왕年년에吳오公공이吮연其기
父부ㅣ라不블旋션踵죵死ᄉᆞ敵뎍ᄒᆞ니이러니今금애
又우吮연其기子ᄌᆞᄒᆞ니妾쳡이不블知디其기

死ᄉᆞ所소矣의ㅣ라ᄒᆞ데라

위사ᄅᆞᆷ오긔ㅣ이셔쳐엄의노의며ᄉᆞᆯᄒᆞ니
노ㅣ긔로ᄒᆞ여곰제ᄅᆞᆯ치고져호ᄃᆡ긔ㅣ젓
게집을취ᄒᆞ연ᄂᆞᆫ디라의심ᄒᆞ거ᄂᆞᆯ긔ㅣ안
해ᄅᆞᆯ죽이고배쟝슈ᄅᆞᆯ구ᄒᆞ야젯군ᄉᆞᄅᆞᆯ그
게파ᄒᆞ다혹이꼴오ᄃᆡ긔ᄂᆞᆫ모딜고ᄎᆞᆷ고힘
실이박ᄒᆞᆫ사ᄅᆞᆷ이라호ᄃᆡ긔ㅣ죄ᄅᆞᆯ어ᄃᆞᆯ가
저허도망ᄒᆞ야위예도라오거ᄂᆞᆯ문후ㅣ벼ᄉᆞ
쟝슈ᄅᆞᆯ삼아진다ᄉᆞᆺ셩을ᄲᅢ히다긔ㅣᄉᆞ졸
로더부러옷과밥을ᄀᆞᆺ치ᄒᆞ더라군셔브으

람알ᄂᆞ니잇거놀긔ㅣᄉᆡᆫᄃᆡ군ᄉᆞ의어미듯
고우러ᄅᆞᆯ오ᄃᆡ디난히여오공이그아비ᄅᆞᆯ
ᄉᆡᆫ지라발뒤측ᄅᆞᆯ두르허다아녀뎍의죽엇
더니이제ᄯᅩ그아돌을ᄉᆡᆫ니쳡이그주글고
들아디못ᄒᆞ노라ᄒᆞ더라
文문侯후ㅣ卒졸거ᄂᆞᆯ擊격이立닙ᄒᆞ니是시爲위
武무侯후ㅣ라武무侯후ㅣ浮부西셔河하而이
下하ᄒᆞᆯᄉᆡ中듕流류ᄒᆞ야顧고謂위吳오起긔曰왈
美미哉지라山산河하之지固고여魏위國국
之지寶보也야ㅣ로다起긔曰왈在지德덕이오不

블在지險험이니이다昔셕예三삼苗모氏시左좌
洞동庭뎡이오右우彭퓡蠡례로되禹위滅멸之지
ᄒᆞ시고桀걸之지居거ㅣ左좌河하濟졔오右우
泰태華화ㅣ오伊이闕궐어在지其기南남ᄒᆞ고羊
양腸장이在지其기北북이로되湯탕이放방之
지ᄒᆞ시고紂쥬之지國국이左좌孟밍門문이오右
우太태行힝이오恒항山산이在지其기北북ᄒᆞ고
大대河하ㅣ經경其기南남이로되武무王왕이
殺살之지ᄒᆞ시니若약不블修슈德덕이면舟쥬中
듕人인이皆ᄀᆡ敵뎍國국也야ㅣ니이다武무侯후ㅣ

ㅣ日왈善션ᄃᆡ다ᄒᆞ
문후ㅣ죡거놀격이셔니이무후ㅣ라무후
ㅣ셔하의여ᄂᆞ려갈시듕류ᄒᆞ야도라오긔
ᄃᆞ려블러골오ᄃᆡ아름답다산하의구드미
여윗나라ᄒᆞᆫ보뵈로다그ㅣ골오ᄃᆡ덕의잇
고험의잇디아니ᄒᆞ니이다녜삼묘시왼녁
ᄒᆞᆫ동뎡이오올ᄒᆞᆫ녁ᄒᆞᆫ퓡과녜로ᄃᆡ우ㅣ멸
ᄒᆞ시고걸의잇논ᄃᆡ왼녁ᄒᆞᆫ하슈과졔쉬오
올ᄒᆞᆫ녁ᄒᆞᆫ태산과화산이오이걸이그남녁
킈잇고양당이그븍녁킈이쇼ᄃᆡ탕이내티

시고쥬의나라히왼녀흔밍문이오올흔녀
흔태힝산이오항산이그북녀희잇고뒤하
ㅣ그남을둘러시되무왕이주기시니만일
에덕을닷디아니ᄒᆞ면빗가온대사ᄅᆞᆷ이다
뎍국이니이다무후ㅣ곧오뒤올타ᄒᆞ다
武무侯후ㅣ卒졸ᄒᆞ거늘子ᄌᆞ惠혜王왕罃영이立
닙ᄒᆞ야東동敗패於어齊졔예將쟝軍군龐방涓
연이與여太태子ᄌᆞ申신으로皆ᄀᆡ死ᄉᆞᄒᆞ고南남
敗패於어楚초ᄒᆞ고西셔喪상地디於어秦진ᄒᆞ고
乃내卑비辭ᄉᆞ厚후幣폐ᄒᆞ야以이招쵸賢현者

쟈ㅣ러니 孟밍子ᄌᆞ至지而ᅀᅵ이不블能능用용ᄒᆞ다

襄양王왕이立닙ᄒᆞ니孟밍子ᄌᆞㅣ去거之지齊졔ᄒᆞ시다

무후ㅣ죽거늘아ᄃᆞᆯ혜왕영이셔동으로졔예퓌ᄒᆞ며장군방연이태ᄌᆞ신으로더부러다죽고남으로초애패ᄒᆞ고셔로ᄯᅡ흘진에일코이에말ᄉᆞᆷ을누ᄌᆞ기ᄒᆞ고폐빅을둣터이ᄒᆞ야ᄲᅥ어딘이롤부르더니밍ᄌᆞㅣ니르시되능히ᄡᅳ지아니ᄒᆞ다양왕이셔니밍ᄌᆞㅣᄇᆞ리시고졔로가시다

魏위人인有유張댱儀의者쟈ㅣ與여蘇소秦
진으로同동師ᄉᆞᄒᆞ야嘗샹游유楚초ᄒᆞ야爲위楚초
相샹의所소辱욕ᄂᆞᆫ이어妻쳐ㅣ慍온有유語어
ᄒᆞᆫ대儀의曰왈視시吾오舌셜ᄒᆞ라尚샹在ᄌᆡ否부
아蘇소秦진이約약從종時시예激격儀의使
ᄉᆞ入입秦진ᄒᆞᆫ대儀의曰왈蘇소君군之지時시
예儀의何하敢감言언이리오
위사ᄅᆞᆷ댱의ㅣ이셔소진으로더브러ᄒᆞᆫ스
승의게ᄇᆡ호니일즉초의노라ᄒᆡ졍승의욕
ᄒᆞᆫ배되거ᄂᆞᆯ안해노ᄒᆞ야말올ᄃᆞᆫ대의ㅣ골

오ᄃᆡ내허믈보라오히려인ᄂᆞ냐아니냐소
진이약죵ᄒᆞᆯ셰예의로격노케ᄒᆞ야ᄒᆞ여곰
진의드러가게ᄒᆞ대의ㅣ골오ᄃᆡ소군셰예
의엇디감히말ᄒᆞ리오

蘇소秦진이去거趙됴而이從죵解ᄒᆡᄒᆞ니儀의
ㅣ專젼爲위橫횡ᄒᆞ야連년六뉵國국以이事ᄉᆞ
秦진ᄒᆞ다秦진惠혜王왕時시에儀의嘗샹以이
秦진兵병으로伐벌魏위ᄒᆞ야得득一일邑읍ᄒᆞ야復
부以이與여魏위而이欺긔魏위ᄒᆞ야割할地디
以이謝샤秦진ᄒᆞ라ᄒᆞ고歸귀爲위秦진相샹이라

已이而이오出츌爲위魏위相샹ᄒᆞ니實실爲위秦진地지러라襄양王왕時시예復부歸귀相샹秦진이러니已이而이오復부出츌相샹魏위以이卒졸ᄒᆞ다

소진이됴롤ᄇᆞ리고나가매죵약이ᄑᆞ려디니의ㅣ오로횡이되여뉵국을니어베진을셤기다진혜왕ᄩᅢ예의ㅣ일즉진병으로베위을쳐ᄒᆞᆫ고올을어더도로베위을주고위룰소계ᄯᅡ홀버혀베진의샤려ᄒᆞ라ᄒᆞ고도라가진샹이되얏다하이윽고나와윗졍승

이되니실로진ᄯᅡᄒᆞᆯ위ᄒᆞ더라양왕ᄯᆡ예다
시도라가진의졍승이되엿더니이윽고다
시나와위예졍승되여배죽다
魏위安안釐히王왕이立닙ᄒᆞ야封봉公공子ᄌᆞ
無무忌긔ᄒᆞ야爲위信신陵릉君군ᄒᆞ다無무忌긔
ㅣ愛ᄋᆡ人인下하士ᄉᆞᄒᆞ니食식客ᄀᆡᆨ이三삼千
쳔人인이러라秦진이攻공趙됴ㅣ어늘魏위王왕
이使ᄉᆞ晉진鄙비로救구之지ᄒᆞᆫ대秦진昭쇼王왕
왕이欲욕移이兵병ᄒᆞ야先션擊격救구者쟈ᄒᆞ니
王왕이恐공ᄒᆞ야止지晉진鄙비兵병ᄒᆞ야壁벽于

우鄴업ᄒᆞ고又우使ᄉᆞ新신垣원衍연으로說셰趙
도ᄒᆞ야共공尊존秦진為위帝뎨러니魯노仲듕連
년이往왕見견衍연曰왈彼피秦진者쟈ᄂᆞᆫ棄
기禮례義의ᄒᆞ고上샹首슈功공之지國국也야
ㅣ니即즉肆ᄉᆞ然연帝뎨天텬下하則즉連년이
有유蹈도東동海ᄒᆡ而이死ᄉᆞ耳이니라衍연이
再지拜비曰왈先션生싱은天텬下하士ᄉᆞ也
야ㅣ니吾오ㅣ不블敢감復부言언帝뎨秦진矣
의라ᄒᆞ더라

위안히왕이셔공不무긔를봉ᄒᆞ야신릉군

을삼다무긔ᄉᆞᄅᆞᆷ을ᄉᆞ랑ᄒᆞ고션비게누리
나밥먹ᄂᆞᆫ손이삼쳔ᄉᆞᄅᆞᆷ이러라진이됴ᄅᆞᆯ
치거ᄂᆞᆯ위왕이딘비로ᄒᆞ여곰구완ᄒᆞᆫᄃᆡ진
쇼왕이병을옴겨몬져구ᄒᆞᄂᆞ니ᄅᆞᆯ치고져
ᄒᆞ니위왕이저허진비병을ᄀᆞᆺ쳐업의진치고
ᄯᅩ신원연으로ᄒᆞ여곰됴ᄅᆞᆯ다래여효가지
로진을노퍼뎨ᄅᆞᆯ삼으랴ᄒᆞ더니노즁년이
가연을보와ᄀᆞᆯ오ᄃᆡ뎌진은례의ᄅᆞᆯᄇᆞ리고
머리버힌공을웃듬으로혜ᄂᆞᆫ나라ᄒᆞ니곳
방ᄌᆞ히텬하의뎨ᄅᆞᆯ삼으면년이동히ᄅᆞᆯ불

와죽으미이실ᄯᅵ니라연이두번절ᄒᆞ야곰

오뒤션싱은텬하션비니내감히다시진뎨

삼으믈니르지아니리라ᄒᆞ더라

趙됴平평原원君군의夫부人인은無무忌긔

의姊ᄌᆞ也야ㅣ라趙됴ㅣ急급에使ᄉᆞ者쟈冠관

蓋개相샹望망ᄒᆞ야責칙救구於어無무忌긔어늘

無무忌긔請쳥於어王왕ᄒᆞ고及급使ᄉᆞ賓빈客

객으로游유說셰萬만端단ᄒᆞᆫ대王왕이不블聽쳥

ᄒᆞ더라

됴평원군의부인은무긔의ᄆᆞᆺ누의라됴ㅣ

급ᄒᆞᆷ애ᄉᆞ쟈관과개셔로ᄇᆞ라구완을무긔
의게쳑ᄒᆞ거놀무긔왕의게쳥ᄒᆞ고밋손으
로ᄒᆞ여곰노라다래기롤온가지로ᄒᆞ되왕
이듯디안니ᄒᆞ더라

客킥俟ᄒᆞ嬴영이教교無무忌긔ᄒᆞ야禱도於어
王왕幸힝姬희ᄒᆞ야竊졀得득晉진鄙비兵병符
부ᄒᆞ고且챠遷텬力녁士ᄉᆞ朱쥬亥ᄒᆡ與여俱구
ᄒᆞ야謂위晉딘鄙비合합符부而이疑의則직擊
격殺살而이奪탈其긔軍군ᄒᆞ라ᄒᆞ야늘一일如여
嬴영言언ᄒᆞ야得득兵병以이進진ᄒᆞ야大대破파

秦진兵병ᄒᆞ야解ᄒᆡ邯한鄲단圍위而이無무忌긔ㅣ不블敢감歸귀魏위러라

손후영이무긔ᄅᆞᆯ마라쳐왕의고이ᄂᆞᆫ희계비러그으기딘비의병부ᄅᆞᆯ엇고ᄯᅩ힘센션비쥬ᄒᆡᄅᆞᆯ쳔거ᄒᆞ야ᄯᅥ부려ᄒᆞᆷ괴가딘비ᄃᆞ려부ᄅᆞᆯ합ᄒᆞ쟈ᄒᆞ야닐려의심ᄒᆞᆫ죽텨죽이고그군을아스라ᄒᆞ야놀영의말을가치ᄒᆞ야병을어더ᄲᅧ나아가진병을ᄶᅩ게파ᄒᆞ야한단ᄡᅩᆫ거슬프러ᄇᆞ리고무긔감히위의도라오지못ᄒᆞ더라

秦진이伐벌魏위ᄒᆞᆫ대魏위ㅣ患환之지ᄒᆞ야使ᄉᆞ人인으로請청無무忌긔ᄒᆞᆫ대不블肯긍歸귀ᄒᆞ야客ᄀᆡᆨ毛모公공薛셜公공이見견曰왈魏위急급而이公공子ᄌᆞ不블恤휼ᄒᆞᄂᆞ니一일旦됴에秦진이克극大대梁량ᄒᆞ고夷이先션王왕宗종廟묘면公공子ᄌᆞㅣ何하面면目목으로立닙於어天텬下하乎호오ㅣ리無무忌긔趣ᄎᆡ駕가還환ᄒᆞᆫ대諸졔侯후ㅣ聞문無무忌긔ㅣ爲위魏위將쟝ᄒᆞ고皆기遣견救구ᄒᆞᆫ대無무忌긔ㅣ率솔五오國국之지兵병ᄒᆞ야敗패秦진兵병於어河하外외

ᄒᆞ고 追츄至지函함谷곡關관而이還환ᄒᆞ다
진ㅣ 위ᄅᆞᆯ 친대 위 근심ᄒᆞ야 사ᄅᆞᆷ으로 ᄒᆞ여
곰 무긔ᄅᆞᆯ 청ᄒᆞᄃᆡ 즐겨 도라가디 아니ᄒᆞ거
ᄂᆞᆯ 손모 공과 셜공이 보와 곧오ᄃᆡ 위급ᄒᆞ믈
공ᄌᆞㅣ 구휼치 안이ᄒᆞ니 ᄒᆞ루아ᄎᆞᆷ의 진이
대량을 디긔고 션왕의 종묘ᄅᆞᆯ 이멸ᄒᆞ면 공
ᄌᆞㅣ 어ᄂᆡ ᄂᆞᆺ과 눈으로 텬하의 셔리오 무긔
명예ᄒᆞ믈 져촉ᄒᆞ야 도라오니 졔후ㅣ 무긔
윗장슈 되믈 듯고 다 구완을 보내여 ᄉᆞᆯ무긔
다ᄉᆞᆺ 나라 군ᄉᆞᄅᆞᆯ 거ᄂᆞ려 진병을 하슈 밧긔

가파ᄒᆞ고ᄯᅩᆯ와함곡관의니르럿다가도라
오다
無무忌긔卒졸ᄒᆞᆫ뒤十십八팔年년而이王왕假
개ㅣ立닙니이러後후又우二이年년秦진王왕
政졍이遣견兵병伐벌魏위ᄒᆞ야殺살王왕假가
而이滅멸魏위爲위郡군ᄒᆞ다
무긔죡근열여ᄃᆞᆲ히만의왕개셧더니후에
ᄯᅩ두ᄒᆡ만의진왕졍이병을보내여위을쳐
왕개을죽기고위를멸ᄒᆞ야고올을삼다
韓 之지先션은本본與여周쥬로同동姓셩

이니武무王왕의子ᄌ韓한侯후之지後후也야
라國국絶절애其기後후裔예ㅣ事ᄉ晉딘ᄒ야
爲위韓한氏시ᄒ다韓한武무子ᄌ之지三삼世
셰曰왈厥궐이라厥궐五오世셰예至지康강子
ᄌᄒ야與여趙됴魏위로共공滅멸智지氏시ᄒ다
又우二이世셰예至지景경侯후虔건ᄒ야以이
周쥬威위烈렬王왕命명으로爲위侯후ᄒ다
한의몬져눈본이쥬로더부러호셩이나무
왕의아ᄃᆞᆯ한후의후ㅣ라나라히곳쳐디매
그후ᄌ손이진을셤겨한시되다한무ᄌ의

셰뒤예가론궐이라궐오셰ᄉᆞᆺ뒤예강ᄌᆞ의
니르러도태위로더부러ᄒᆞ가지로디시롤
멸ᄒᆞ다ᄯᅩ두뒤예경후건의니르러쥬위렬
왕명으로태우ㅣ되다
韓한相샹俠셥累류ㅣ與여濮복陽양嚴엄仲
듕子ᄌᆞ로有유隙극니이러仲듕子ᄌᆞㅣ聞문軹
지人인聶셥政졍之지勇용ᄒᆞ고以이黃황金금
百빅鎰일로爲위政졍母모壽슈ᄒᆞ고欲욕因인
以이報보仇구뇌어政졍이曰왈老노母모ㅣ
在ᄌᆡ니ᄒᆞ政졍身신을未미可가以이許허人인

也야ᅵ더니라ᄒᆞ 及급毋모ᅵ卒졸에 仲즁子ᄌᆞᅵ
乃내使ᄉᆞ政졍으로圖도之지ᄒᆞᆫ대 俠협累류ᅵ方
방坐좌府부ᄒᆞ야 兵병衛위甚심嚴엄이어늘 政졍
이直딕入입刺ᄌᆞ之지ᄒᆞ고 因인自ᄌᆞ皮피面면
抉결目목ᄒᆞ니 韓한人인이暴폭其기尸시於어
市시ᄒᆞ고 購구聞문ᄒᆞᆫ대 莫막能능識식ᄒᆞ이러니 姊ᄌᆞ
嫈영이往왕哭곡之지曰왈 是시ᄂᆞᆫ深심井졍
里리니 聶셥政졍也야ᅵ라 以이妾쳡在ᄌᆡ之지故
고로 重즁自ᄌᆞ刑형ᄒᆞ야 以이絶졀蹤종ᄒᆞ니 妾쳡
이奈내何하로畏외沒몰身신之지誅쥬ᄒᆞ야 終

죵沒을賢현弟뎨之지名명ᄒᆞ이고리오遂슈死ᄉᆞ
政졍尸시旁방다ᄒᆞ
한졍승셥루ㅣ복양엄둥ᄌᆞ로더부러틈이
잇더니둥ᄌᆞㅣ지사ᄅᆞᆷ셥졍의놀래믈듯고
황금빅일로배졍의어미롤위ᄒᆞ야잔히ᄒᆞ
고인ᄒᆞ야배원슈갑고져ᄒᆞ거놀졍이골오
디늘근어미이시니졍의몸올가히배사ᄅᆞᆷ
의게허치못ᄒᆞᆯ거시라ᄒᆞ더니어미주그매
믓쳐둥ᄌᆞㅣ이에졍으로ᄒᆞ여곰도다ᄒᆞ대
셥루ㅣ비야ᄒᆞ로마을에안자병뒤흰거시

심히염ᄒᆞ거ᄂᆞᆯ졍이바로드러가ᄶᅵ르고인
ᄒᆞ야스스로낫가족을벗기고눈을ᄲᅢ히니
한사ᄅᆞᆷ이그주검을져ᄌᆡ의드러내고갑주
고ᄆᆞ로되능히알리업더니뭇누의영이가
우러ᄀᆞᆯ오ᄃᆡ이ᄂᆞᆫ심졍ᄆᆞ을섭졍이라쳡이
잇ᄂᆞᆫ고로배등히스스로형벌ᄒᆞ야배자최
ᄅᆞᆯ그ᄎᆞ니쳡이엇지몸이ᄲᅢ더버히믈두려
ᄆᆞᄎᆞᆷ내어딘아의일홈을업게ᄒᆞ리오ᄒᆞ고
드듸여졍의주검겻ᄐᆡ쥭다
景경侯후四ᄉᆞ世셰에至지哀ᄋᆡ侯후ᄒᆞ야徙ᄉᆞ

都도鄭뎡ᄒᆞ다哀ᄋᆡ侯후二이世셰예至지昭쇼

侯후ᄒᆞ야鄭뎡人인申신不불害해ㅣ以이黃황

老노刑형名명之지學ᄒᆞᆨ으로爲위昭쇼侯후相

장ᄒᆞ니國국治티兵병強강ᄒᆞ티라

경후네ᄃᆡ예이후의니르러올마뎡의도읍

ᄒᆞ다이후두ᄃᆡ예쇼후의니르러뎡사ᄅᆞᆷ신

불해황뎨노ᄌᆞ형벌파일홈ᄒᆞᄂᆞᆫ학으로ᄡᅥ

쇼후의정승이되니나라히다ᄉᆞᆯ고병이강

ᄒᆞ더라

昭쇼侯후ㅣ有유敝폐袴과ᄒᆞ야命명藏장之지

79a

고ᄒᆞ不블以이賜ᄉᆞ左좌右우ᄒᆡ어侍시者쟈ㅣ
曰왈君군亦역不블仁인者쟈矣의다로昭쇼侯후
후ㅣ曰왈明명主쥬ᄂᆞᆫ愛ᄋᆡ一일嚬빙一일笑
쇼ᄒᆞ야嚬빈有유爲위嚬빈ᄒᆞ고笑쇼有유爲위笑
쇼ᄒᆞᄂᆞ니今금袴과ㅣ豈긔特특嚬빈笑쇼哉지오리
吾오ㅣ必필待ᄃᆡ有유功공者쟈라ᄒᆞ노
쇼후ㅣ헌둥의ᄅᆞᆯ두어명ᄒᆞ야곰초고배좌
우ᄅᆞᆯ주디아니ᄒᆞ거ᄂᆞᆯ뫼시니ᄀᆞᆯ오ᄃᆡ님금
이ᄯᅩᄒᆞᆫ어디디아니ᄒᆞ도다쇼후ㅣᄀᆞᆯ오ᄃᆡ
ᄇᆞᆯᄀᆞᆫ님금은ᄒᆞᆫ번ᄉᆡᆼ긔기과ᄒᆞᆫ번웃기ᄅᆞᆯ앗

거셩그미위ᄒᆞ야쪙그미잇고우스미위ᄒᆞ
야우스미이시니이제듕의엇디다만쎵김
과우숨쉢이리오내반ᄃᆞ시공잇ᄂᆞᆫ니ᄅᆞᆯ기
두리노라

昭쇼侯후ㅣ卒졸ᄒᆞ거ᄂᆞᆯ子ᄌᆞ宣션惠혜王왕이立
닙ᄒᆞ다三삼世셰예至지桓환惠혜王왕ᄒᆞ야ᄂᆞᆫ韓
한上샹黨당守슈ㅣ降항趙됴ᄒᆞ야致티趙됴受
슈秦진兵병而이有유長댱平평之지敗패ᄒᆞ니
라又우一일世셰예至지王왕安안ᄒᆞ야秦진王
왕政정이遣견將댱虜노安안ᄒᆞ고遂슈滅멸韓

한爲위郡군ᄒᆞ다

쇼후ㅣ죽거ᄂᆞᆯ아ᄃᆞᆯ션혜왕이셔다셔뒤예

환혜왕의니르러ᄂᆞᆫ한샹댱원이됴의항복

ᄒᆞ야됴ㅣ진병을바다댱평의패호미이시

믈널위니라任ᄒᆞᆫ뒤예왕안의니르러진왕

졍이댱슈ᄅᆞᆯ보내여안을사로잡고드듸여

한을멸ᄒᆞ야고으을삼다

楚之지先션은出奮自不顓뎐頊욱ᄒᆞ다顓뎐

頊욱之지子不ㅣ爲위高고辛신火화正뎡ᄒᆞ니

命명曰왈祝츅融늉이라더니ᄒᆞ弟톄吳오回회復

부居거其기職직ᄒᆞ다 二이世셰예 有유季계連
련者쟈ㅣ得득羋미姓셩ᄒᆞ다 季계連련之지後
후ㅣ有유鬻쥭熊웅이事ᄉᆞ周쥬文문王왕이리
니 成셩王왕이 封봉其기子ᄌᆞ熊웅繹역於어
丹단陽양ᄒᆞ다 至지夷이王왕時시ᄒᆞ야 楚초子ᄌᆞ
熊웅渠거者쟈ㅣ僭참稱칭王왕ᄒᆞ다 十십一일
世셰 예 至지春츈秋츄ᄒᆞ야 有유曰왈武무王왕
이 益익強강大대ᄒᆞ다

초의몬져논젼욱으로브터나다텬욱의아
들이고신의화졍이되니명ᄒᆞ야골오ᄃᆡ츅

늉이라ᄒᆞ더니아ᄋᆞ오회ᄯᅩ그벼ᄉᆞᆯ의거ᄒᆞ
다두뒤예계련이이셔미셩을엇다계련의
후ㅣ늉웅이이셔쥬문왕을셤기터니셩왕
이그아ᄃᆞᆯ웅역을단양의봉ᄒᆞ다이왕ᄯᅢ예
니르러초ᄌᆞ웅거ㅣᄎᆞᆷ남이왕이로라일ᄏᆞᆺ
다열ᄒᆞᆫ뒤예츈츄의니르러이시니ᄆᆞᆯ온무
왕이더옥강ᄒᆞ고크다
至지文문王왕ᄒᆞ야始시都도郢령ᄒᆞ다成셩王왕
이與여齊졔桓환公공으로盟밍召쇼陵릉ᄒᆞ고尋
심與여宋송襄양公공으로爭징霸패ᄒᆞ고後후與

여晉딘文문公공으로戰뎐城셩濮복ᄒᆞ다歷력穆
목王왕ᄒᆞ야至지莊장王왕ᄒᆞ야即즉位위三삼年
년에不블出츌令령ᄒᆞ고日일夜야爲위樂락ᄒᆞ고
令령國국中듕호ᄃᆡ敢감諫간者쟈ㅣ死ᄉᆞ리라
伍오擧거ㅣ曰왈有유鳥됴ㅣ在ᄌᆡ阜부ᄒᆞ야三
삼年년不블蜚비ᄒᆞ며不블鳴명ᄒᆞ니是시何하鳥됴
也야ㅣ고 잇王왕이曰왈三삼年년不블蜚비ᄒᆞ니
蜚비將장衝튱天텬이오三삼年년不블鳴명ᄒᆞ니
鳴명將장驚경人인이라 니蘇소從종이亦역入
입諫간호ᄃᆡ王왕이乃내左좌執집從종手슈ᄒᆞ고

右우抽튜刀도ᄒᆞ야 以이斷단鍾죵鼓고之지懸현ᄒᆞ고 明명日일에 聽텽政졍ᄒᆞ야 任임伍오擧거蘇소從죵ᄒᆞ니 國국人인이 大대悅열ᄒᆞ라 더 又우得득孫손叔슉敖오爲위相샹ᄒᆞ야 遂슈覇패諸제侯후ᄒᆞ다

문왕의 이러 비로소 령의 도읍ᄒᆞ다 셩왕이 제환공으로 더부러 쇼릉의 밍셰ᄒᆞ고 이욱고 송양공으로 더부러 옷듬을 ᄃᆞ토표ᄒᆞ에 딘문공으로 더부러 셩복의 가ᄡᅡ호다 목왕을 지나 장왕의 니르러 위예 나아간 세히

예령을내지아니ᄒᆞ고낫과밤의즐기기롤
ᄒᆞ고나라싸온뒤령호뒤감이간ᄒᆞ누니죽
으리라오거ᅵ글오뒤새이셔두던의이셔
세히롤누지아니ᄒᆞ고우지아니ᄒᆞ니이엇
던새니엇고광이골오뒤세히롤누지아니
ᄒᆞ니놀면쟝ᄎᆞᆺ하놀올ᄉᆞ모고세히롤우지
아니ᄒᆞ니울면쟝ᄎᆞᆺᄉᆞ롬올놀래리니라소
종이ᄯᅩ드러가간호뒤광이이예왼손으로
종의손을잡고올흔손으로칼을ᄲᅢ여뻐종
과붑단거솔곳고이튼날의정ᄉᆞ롤드러오

거와소죵을맛기녀나라ᄉᆞ롬이크게깃거ᄒᆞ더라ᄯᅩ손슉오롤어더경승을삼아드듸여졔후의으듬되다

歷력共공王왕康강王왕郟겹敖오靈령王왕平평王왕昭소王왕惠혜王왕簡간王왕聲셩王왕悼도王왕肅슉王왕宣션王왕威위王왕ᄒᆞ야至지懷회王왕ᄒᆞ야秦진惠혜王왕이欲욕伐벌齊졔ᄒᆞᆯᄉᆡ患환楚초ㅣ與여從종親친ᄒᆞ야乃내使ᄉᆞ張쟝儀의로說셰懷회王왕曰왈王왕이閉폐關관而이絶졀齊졔면請쳥獻헌商샹於

오之지地디六뉵百뵉里니라ᄒᆞ리 懷회王왕이
信신之지야ᄒᆞ 使ᄉᆞ勇용士ᄉᆞ로 北븍辱욕齊졔
王왕ᄃᆡᄒᆞ 齊졔王왕이 大대怒노而이與여秦진
으로 合합ᄒᆞ다
공왕과강왕과셥오령왕과평왕과소왕과
혜왕과간왕과려왕과도왕과숙왕과션왕
과위왕을지나회왕의니르러진혜왕이져
를티고져ᄒᆞ되초ㅣ러부러죵친ᄒᆞ믈근심
ᄒᆞ야이예댱의로ᄒᆞ여곰회왕을달래여골
오되왕이관을닷고졔를곳츠면쳥권되샹

오ᄯᅡ뉵빅니롤드리리라회왕이미더용ᄉᆞ
로ᄒᆞ여곰북으로졔왕을욕ᄒᆞ대졔왕이크
게노ᄒᆞ야진으로더부러합ᄒᆞ다
楚초使ᄉᆞㅣ受슈地지於어秦진ᄒᆞᆫ대儀의ㅣ曰
왈地디ㅣ從종某모至지某모히廣광袤무ㅣ
六륙里니라ᄒᆞᆫ대王왕이大대怒노伐벌秦진ᄒᆞ다
가大대敗패ᄒᆞ다秦진昭소王왕이與여懷회王
왕으로盟밍于우黃황棘극ᄒᆞ고既긔而이오遺유
書셔懷회王왕ᄒᆞ야願원與여君군王왕으로會회
武무關관이어늘屈굴平평이不블可가ㅣ라ᄒᆞ되子

ᄌᆞ蘭난이勸권王왕行ᄒᆡᆼᄒᆞ니秦진人인이執집

之지以이歸귀ᄒᆞ어楚초人인이立닙其기子ᄌᆞ

頃경襄양王왕ᄒᆞ다懷회王왕이卒졸於어秦진

ᄒᆞ니楚초人인이憐련之지를如여悲비親친戚

척ᄒᆞ라더

초ᄉᆞㅣᄯᅡ흘진의바드려ᄒᆞ오대의ᄅᆞᆯ오되ᄯᅡ

히아무뒤ᄅᆞᆯ조차아무뒤니르히너븨과길

이여솟니라ᄒᆞ야ᄂᆞᆯ왕이크게노ᄒᆞ야진을

티다가크게패ᄒᆞ다진소왕이회왕으로더

브러황극의밍셔ᄒᆞ고이우고글을회왕을

주어원컨ᄃᆡ군왕으로더부러무관의모다
ᄃᆡ라ᄒᆞ거ᄂᆞᆯ굴평이가치아니타호ᄃᆡ아ᄃᆞᆯ
난이왕을권ᄒᆞ야힝ᄒᆞ니진ᄉᆞᄅᆞᆷ이자바ᄇᆡ
도라가ᄂᆞᆯ초ᄉᆞᄅᆞᆷ이그아ᄃᆞᆯ경양왕을셰오
다회왕이진의셔죽그니초ᄉᆞᄅᆞᆷ이어엿비
너기기를친쳑슬허홈ᄀᆞᆺ치ᄒᆞ더라
初초애屈굴平평이爲위懷회王왕所소任임
이라가以이讒참見견疏소ᄒᆞ야作작離니騷소以
이自ᄌᆞ怨원이러니至지頃경襄양王왕時시ᄒᆞ야
又우以이讒참으로遷텬江강南남ᄒᆞ야遂슈投투

汨멱羅나以이死ᄉᆞᄒᆞ다

처엄의굴평이회왕의소임홈이되얏다가참소로ᄡᅥ소히홈을보와니소경을지어ᄡᅥ스스로원망ᄒᆞ더니경양왕ᄯᅢ예니르러ᄯᅩ참소로ᄇᆡ강남의음겨드되여멱나모시ᄲᅡ뎌ᄡᅥ죽다

秦진이拔발郢령이ᄂᆞᆯ어楚초ㅣ徙ᄉᆞ都도於어陳진ᄒᆞ다頃경襄양王왕이卒졸거ᄂᆞᆯ子不考고烈렬王왕이立닙ᄒᆞ야又우徙ᄉᆞ於어壽슈春츈ᄒᆞ니春츈申신君군黃황歇헐이行힝相샹事ᄉᆞᄒᆞ다

當당是시時시ᄒᆞ야齊졔有유孟밍嘗샹君군ᄒᆞ고魏위有유信신陵릉君군ᄒᆞ고趙됴有유平평原원君군ᄒᆞ고楚초有유春츈申신君군ᄒᆞ야皆기好호客긱ᄒᆞ더니春츈申신君군의食식客긱이三삼千쳔人인이러라平평原원君군이使ᄉᆞ人인於어春츈申신君군ᄒᆞᆯ시欲욕夸과楚초ᄒᆞ야爲위玳대瑁모簪ᄌᆞᆷᄒᆞ고刀도劍검室실을飾식以이珠쥬玉옥이어ᄂᆞᆯ春츈申신君군의上샹客긱이皆기躡셥珠쥬履니以이見견之지ᄒᆞ니趙됴使ᄉᆞㅣ大대慙참ᄒᆞ더라진이령을ᄲᅢ혀놀초ㅣ진의올마도읍ᄒᆞ다 경양왕이죽거놀아돌고령왕이셔ᄯᅩ슈츈의올므니츈신군황헐이경승이을힝ᄒᆞ다 이ᄯᅢ롤당ᄒᆞ야졔예밍샹군이잇고위예신릉군이잇고됴의평원군아잇고초의츈신군이이셔다손을됴히너기더니츈신군의밥먹ᄂᆞᆫ손이삼쳔ᄉᆞ롬이러라평원군이사롬을츈신군의게브릴서초의쟈랑ᄒᆡ고져ᄒᆞ야ᄃᆡ모로빈혀롤밍글고갈과환도딥을구실과옥으로ᄡᅮ몃거놀츈신군의웃듬

손이다구술신을신고ᄲᅧ보니됴ᄉᆡ크게
붓그려ᄒᆞ더라
趙됴人인荀슌卿경이至지楚초ᄒᆡ어春츈申
신君군이以이為위蘭난陵릉令령ᄒᆞ니李이園
원이以이妹미로獻헌春츈申신君군ᄒᆞ야有유
娠신而이後후에納납之지考고烈렬王왕ᄒᆞ니
是시生ᄉᆡᆼ幽유王왕ᄒᆞ다園원이使ᄉᆞ盜도로殺
살春츈申신君군ᄒᆞ야以이滅멸口구而이專젼
楚초政졍ᄒᆞ다幽유王왕이卒졸ᄒᆞ거弟뎨哀ᄋᆡ王
왕이為위楚초人인의所소殺살而이立닙其

기庶셔兄형負부芻추ㅣ려秦진王왕政졍이
遣견将장破파楚초ᄒᆞ야虜노負부芻추ᄒᆞ고滅멸
楚초為위郡군ᄒᆞ다
됴ᄉᆞ롬슌경이초의이르러놀츈신군이뼈
난릉원을삼다니원이아ᄋᆞ누의로배츈신
군의게드러조식비미이신후에고렬왕의
게드리니이유왕을낫타원이도적으로ᄒᆞ
여곰츈신군을주겨뼈입을업시ᄒᆞ고초경
ᄉᆞ롤오로디ᄒᆞ다유왕이죽거놀아ᄋᆞ이왕
이초ᄉᆞ롬의주긴배되고그얼형부추롤셔

웟더니진왕졍이쟝슈룰보니여초을파ᄒᆞ야부추룰사로잡고초룰멸ᄒᆞ야고올을삼다

[按] 은姬희姓셩이召소公공奭혁之지所소封봉也야라三삼十십餘여世셰예至지文문公공ᄒᆞ야當샹納납蘇소秦진之지說셰ᄒᆞ야約약六뉵國국為위從죵ᄒᆞ니文문公공이卒졸ᄒᆞ거늘易역王왕噲쾌ㅣ立닙ᄒᆞ야十십年년애以이國국으로讓양其기相샹子ᄌᆞ之지ᄒᆞ야南남面면行ᄒᆡᆼ王왕事ᄉᆞ而이噲쾌ㅣ老노不블聽텽政졍ᄒᆞ야

顧고爲위臣신ᄒᆞ니國국이大대亂난이어齊졔ㅣ
伐벌燕연取취之지ᄒᆞ고醢혜子ᄌᆞ之지而이殺
살噲쾌ᄒᆞ다
연은희셩이니쇼공혁의봉ᄒᆞᆫ배라셜흔남
은뒤예문공의니르러일즉소진의달래오
믈드러뉵국과언약ᄒᆞ야죵친ᄒᆞ다문공이
죽거놀역왕쾌셔열힛만의나라흐로배그
졍승ᄌᆞ지의게ᄉᆞ양ᄒᆞ야남으로ᄂᆞᆺᄒᆞ야왕
의일을힝ᄒᆞ라ᄒᆞ고쾌ᄂᆞᆫ거경ᄉᆞ를듯디못
ᄒᆞ야도로혀신해되니나라히크게어즐업

거ᄂᆞᆯ 제ㅣ 연을 터 가지고 ᄌᆞ지ᄅᆞᆯ 졋ᄃᆞᆷ고 쾌
ᄅᆞᆯ족이다
燕연人인이 立닙太태子ᄌᆞ平평ᄒᆞ야爲위君군
ᄒᆞ니是시爲위昭쇼王왕이라弔됴死ᄉᆞ問문生싱
ᄒᆞ고卑비辭ᄉᆞ厚후幣폐ᄒᆞ야以이招쵸賢현者쟈
ㅣ러니問문郭곽隗외曰왈齊졔ㅣ因인孤고之
지國국亂난而이襲습破파燕연ᄒᆞ니孤고ㅣ極
극知지燕연小쇼ᄒᆞ야不블足죡以이報보니어와
誠셩得득賢현士ᄉᆞ與여共공國국ᄒᆞ야以이雪
셜先션王왕之지恥티ᄂᆞᆫ孤고之지願원也야

니先션生싱이視시可가者쟈라ᄒᆞ得득身신事
ᄉᆞ之지리라ᄒᆞ
연사ᄅᆞᆷ이태ᄌᆞ평울세위님금을삼으니이
소왕이라주그니ᄅᆞᆯ됴샹ᄒᆞ고사니ᄅᆞᆯ뭇고
말ᄉᆞᆷ을누ᄌᆞ기ᄒᆞ고폐ᄇᆡᆨ올두티히ᄒᆞ야배
어진이ᄅᆞᆯ부ᄅᆞ더니곽외다려무려골오되
졔ㅣ내나라히어즈러옴을인ᄒᆞ야그으기
연을파ᄒᆞ니내ᄀᆞ장연이져거족히배갑지
못ᄒᆞᆯ줄을알거니와진실노어진션비ᄅᆞᆯ어
더더부러나라흘호가지로ᄒᆞ야배션왕의

븟ᄭᅳ러옴을싯기ᄂᆞᆫ배원홈이니션싱이가
ᄒᆞ니ᄅᆞᆯ뵈라시러곰몸소셤기리라
隗외曰왈古고之지君군아有유以이千쳔金
금으로使ᄉᆞ涓연人인求구千쳔里리馬마者쟈
ㅣ러니買ᄆᆡ死ᄉᆞ馬마骨골五오百ᄇᆡᆨ金금而이
返반ᄒᆞ이어ᄂᆞᆯ君군이怒노ᄒᆞᆫ대曰왈死ᄉᆞ馬마도且
쟈買ᄆᆡ之지어든況황生ᄉᆡᆼ者쟈乎호잇가馬마ㅣ
今금至지矣의라ᄒᆞ더니不블朞긔年년에千쳔里
니馬마至지者쟈ㅣ三삼이니今금王왕이必필
欲욕致티士ᄉᆞㅣᆫ댄先션從죵隗외始시ᄒᆞ쇼셔況

황賢현於어隗외者쟈ㅣ豈긔遠원千쳔里니
哉지고리잇於어是시에昭소王왕이爲위隗외
ᄒᆞ야改기築츅宮궁ᄒᆞ고師ᄉᆞ事ᄉᆞ之지ᄒᆞ니於어是
시에士ᄉᆞㅣ爭징趨추燕연ᄒᆞ더라樂악毅의ㅣ
自ᄌᆞ魏위往왕이어늘以이爲위亞아卿경ᄒᆞ야任
임國국政정이러니己이而이오使ᄉᆞ毅의로伐
벌齊졔ᄒᆞ야兵병入입臨님淄치ᄒᆞᆫᄃᆡ齊졔王왕이
出츌奔走주ᄒᆞ뇌이毅의ㅣ乘승勝승ᄒᆞ야六뉵月월
之지間간에下하齊졔七칠十십餘여城셩ᄒᆞᆫᄃᆡ
惟유莒거卽즉墨묵이不블下하ᄒᆞ러라

91a

외꼴오뒤녯님금이쳔금으로ᄲᅧ엳사룸으
로ᄒᆞ여곰쳔니마룰구ᄒᆞ리잇더니주근말
ᄲᅧ룰오빅금으로사도라오거놀님금이노
ᄒᆞ되꼴오뒤주근말도ᄯᅩᄒᆞ사거든ᄒᆞ믈며
산니잇가몰이이제니르리라ᄒᆞ더니그년
이못ᄒᆞ야셔쳔니마니르니세히니이제왕
이반다시션비룰닐위고져홀딘뒤몬져외
룰죠차비르스소셔ᄒᆞ믈며외에셔어진이
엇디쳔니룰멀게너기리잇고이예소왕이
외을위ᄒᆞ야고쳐궁을밧고스승ᄒᆞ야셤이

니이에션비ᄃᆞ토와연으로ᄃᆞ라오더라악
의ㅣ위로부터거ᄂᆞᆯᄡᅧ버금경을삼아나라
졍ᄉᆞᄅᆞᆯ맛ᄯᅧ더니이욱고의로ᄒᆞ여곰졔ᄅᆞᆯ
쳐병이림ᄎᆡ예드러간대졔왕이나ᄃᆞ라나
거ᄂᆞᆯ의이긔믈타여ᄉᆞᆺᄃᆞᆯᄉᆞ이에졔ᄂᆞᆯ흔남
은셩을항복바드되오직게과즉믁이항복
지아녓더라
昭쇼王왕이卒졸ᄒᆞ거ᄂᆞᆯ惠혜王왕이立닙ᄒᆞ다惠혜
王왕이爲위太태子ᄌᆞ에已이不블快쾌於어
毅의니려田뎐單단이乃내縱종反반間간曰왈

毅의ㅣ與여新신王왕으로有유隙극ᄒᆞ야不블敢
감歸귀ᄒᆞ야以이伐벌齊졔로爲위名명ᄒᆞ니齊졔
人인이惟유恐공他타將쟝來ᄅᆡᄒᆞ면卽즉墨믁
이殘잔矣의라ᄒᆞ야ᄂᆞᆯ惠혜王왕이果과疑의毅의
ᄒᆞ야乃내使ᄉᆞ騎긔劫겁으로代ᄃᆡ將쟝而이召쇼
毅의ᄒᆞᆫ대毅의ㅣ奔분趙됴ᄒᆞ니田뎐單단이遂슈
得득破파燕연而이復복齊졔城셩ᄒᆞ다
쇼왕이죽거ᄂᆞᆯ혜왕이셔다혜왕이태ᄌᆞㅣ
되여실제임의의의게쾌치아니ᄒᆞ더니뎐
단이이에반간을노하골오ᄃᆡ의새왕으로

더부러틈이이셔감히도라가지못ᄒᆞ야제
치므로ᄇᆡ일홈ᄒᆞ니졔사ᄅᆞᆷ이오직다로댱
슈오면즉무이쇠잔ᄒᆞᆯ가져허ᄒᆞ니라ᄒᆞ
야놀혜왕이과연긔의을의심ᄒᆞ야이예긔
겁으로ᄒᆞ여곰댱슈롤뒤ᄒᆞ고의롤부른뒤
의ㅣ됴로ᄃᆞ라나니뎐단이드듸여시러곰
연을파ᄒᆞ고졔셩을도로가지다
惠혜王왕後후에有유武무成셩王왕孝효王
왕ᄒᆞ고至지王왕喜희ᄒᆞ야喜희太태子ᄌᆞ丹단이
質지於어秦진ᄒᆞ니秦진王왕政졍이不블禮례

焉언이ᄂᆞᆯ어怒노而이亡망歸귀ᄒᆞ야怨원秦진欲

욕報보之지려라秦진將장軍군樊번於오期긔

ㅣ得득罪죄ᄒᆞ야亡망之지燕연이ᄂᆞᆯ어丹단이受

슈而이舍샤之지ᄒᆞ다

혜왕후에무셩왕과효왕이잇고왕희의게

니르러희의태조단이진의볼모가니진왕

졍이례아니ᄒᆞ거ᄂᆞᆯ노ᄒᆞ야도망ᄒᆞ야도라

와진을원망ᄒᆞ야갑고져ᄒᆞ더라진댱군번

오긔죄롤어더도망ᄒᆞ야연의가ᄂᆞᆯ단이바

다슈인브치다

丹단이聞문衛위人인荊형軻가賢현ᄒᆞ고卑비
辭ᄉᆞ厚후禮례請청之지ᄒᆞ야奉봉養양無무不불
至지ᄒᆞ고欲욕遣견軻가ㅣ어ᄂᆞᆯ軻가ㅣ請청得득
樊번將장軍군首슈와及급燕연督독亢항
地디圖도ᄒᆞ야以이獻헌秦진이라ᄒᆞᆫ뒤丹단이不불
忍인殺살於오期긔려니軻가ㅣ自ᄌᆞ以이意의
로諷풍之지曰왈願원得득將장軍군之지首
슈ᄒᆞ야以이獻헌秦진王왕이면必필喜희而이見
견臣신ᄒᆞ리니臣신이左좌手슈로把파其기袖
슈ᄒᆞ고右우手슈로揕담其기胸흉則즉將장軍

군之지仇구ᄅᆞᆯ報보而이燕연之지耻티ᄅᆞᆯ雪
셜矣의리라於오期긔ㅣ慨개然연遂슈自ᄌᆞ刎
문이어ᄂᆞᆯ丹단이奔분往왕伏복哭곡ᄒᆞ고乃내以
이函함으로盛셩其기首슈ᄒᆞ다又우嘗샹求구天
텬下하之지利니匕비首슈ᄒᆞ야以이藥약으로焠
쉬之지ᄒᆞ야以이試시人인ᄒᆞ니血혈如여縷루立
닙死ᄉᆞᄒᆞ더라
단이윗사ᄅᆞᆷ형가의어지믈듯고말ᄉᆞᆷ을ᄂᆞ
ᄌᆞ기ᄒᆞ고례ᄅᆞᆯ두터히ᄒᆞ야쳥ᄒᆞ야밧드러
치기ᄅᆞᆯ니르지아닐뒤업시ᄒᆞ고가ᄅᆞᆫ보니

고져ᄒᆞ거놀가ㅣ쳥호뒤번쟝균의머리와
밋연독향ᄯᅡ그림을어더빼진의드려지라
효뒤단이ᄎᆞ마오긔롤주기지못ᄒᆞ얏더니
가ㅣ스스로빛으로빼알외여골오뒤원컨
뒤쟝균의머리롤어더빼진왕의게드리면
반다시깃거신을보리니신이왼손으로그
ᄉᆞ매롤잡고올흔손으로그가슴을ᄯᅵ른즉
쟝균의원슈롤갑고연의븟ᄭᅳ러오믈시스
리라오긔기연히스스로드듸여멱딜너죽
거놀단이드라가업드려울고이예함으로

뻐그머리롤담다또일주텬하의드논비슈롤구ᄒᆞ야야믈로배돔가배사ᄅᆞᆷ을시험ᄒᆞ야보니피실又고주제죽더라

乃내装장遣견軻가ᄒᆞᄃᆡ行ᄒᆡᆼ至지易역水슈ᄒᆞ야歌가曰왈風풍蕭쇼蕭쇼兮혜여易역水슈ㅣ寒한ᄒᆞ다이로壯장士ᄉᆞㅣ一일去거兮혜여不불復부還환ᄒᆞ다이로于우時시예白ᄇᆡᆨ虹홍이貫관日일ᄒᆞ니燕연人인이畏외之지ᄒᆞ더라

이에지항ᄒᆞ야가롤보낸대항ᄒᆞ야역슈의니르러노래블너골오ᄃᆡ바ᄅᆞᆷ이바ᄉᆞᄉᆞ부

로미여역수ㅣ太도다장ᄉᆞㅣᄒᆞᆫ번가미여
다시도라오지못ᄒᆞ리로다ᄉᆡ예흰무지게
히ᄅᆞᆯ ᄢᅦ여시니연ᄉᆞᄅᆞᆷ이무셔워ᄒᆞ더라
軻가ㅣ至지咸함陽양ᄒᆞ니秦진王왕政졍이大
대喜희見견之지러라軻가ㅣ奉봉圖도進진ᄒᆞᆯᄉᆡ
圖도窮궁而이匕비首슈ㅣ見현이어ᄂᆞᆯ把파王
왕袖슈ᄒᆞ고揕담之지未미及급身신애王왕이
驚경起긔ᄒᆞ니絶졀袖슈ㅣ어ᄂᆞᆯ軻가ㅣ逐츅之지
ᄒᆞᆫ대環환柱쥬走주ㅣ러라秦진法법애羣군臣신
侍시殿뎐上샹者자ㅣ不블得득操조尺쳑寸

ᄌᆞᆫ兵병ᄒᆞ니左좌右우ㅣ以이手슈로搏박之지ᄒᆞ고 且차曰왈王왕이負부劍검ᄒᆞ쇼셔 遂슈拔발劍검ᄒᆞ야斷단其기左좌股고ᄒᆞ니軻가ㅣ引인匕비首슈ᄒᆞ야擿텩王왕不블中듕ᄒᆞ다遂슈體톄解ᄒᆡ以이徇슌ᄒᆞ니라

가ㅣ함양의니르니진왕졍이크게깃거보더라가ㅣ디도ᄅᆞᆯ밧드러나올시디되막펴매비슈ㅣ나타나거늘왕의ᄉᆞ매ᄅᆞᆯ잡고ᄶᅵ르기ᄅᆞᆯ몸의밋지못ᄒᆞ여셔왕이놀나니러나니ᄉᆞ매긋처디거늘가ㅣᄯᅡ론대기동을

돌녀두라나더라진법의못신하던우희믜
신자ㅣ시러곰자만촌만호병장기롤잡지
못ᄒᆞ너좌우ㅣ손으로베티고또골오ᄃᆡ왕
어칼을지쇼셔드듸여환도롤새혀그왼다
리롤버히다가ㅣ비슈롤혀왕의게더뎌맛
치디못ᄒᆞ다드듸여몸을ᄲᅥ저베두로뵈니
라
秦진王왕이大대怒노ᄒᆞ야益익發발兵병伐벌
燕연놀이어喜희ㅣ斬참丹단以이獻헌ᄒᆞ니이러後
후三삼年년애秦진兵병이虜노喜희ᄒᆞ고遂슈

滅멸燕연 爲위郡군ᄒᆞ니

진왕이 크게 노ᄒᆞ야 더욱 병을 발ᄒᆞ야 연을 티거ᄂᆞᆯ 희ㅣ 단을 버혀 ᄇᆡ드렷더니 후세 희만의 진병이 희로 사로잡고 드듸여 연을 멸ᄒᆞ야 고올을 삼다

秦진之지 先션은 本본 顓뎐頊욱之지 裔예라 曰왈 大대業업者자ㅣ 生ᄉᆡᆼ 栢ᄇᆡᆨ翳예ᄒᆞ니 舜슌이 賜ᄉᆞ姓셩嬴영氏시다ᄒᆞ시 其기 後후에 有유 蜚비廉렴ᄒᆞ니 蜚비廉렴의 孫손은 女녀防방이라 女녀防방之지 後후ㅣ 有유 非비子ᄌᆞㅣ 好호

馬마ᄒᆞ가爲위周쥬孝효王왕ᄒᆞ야主쥬馬마於어
汧견渭위之지間간ᄒᆞ니馬마ㅣ大대蕃번息식
이어늘分분土토爲위附부庸용ᄒᆞ야邑읍之지秦
진ᄒᆞ니閱열二이世셰ᄒᆞ야至지秦진仲듕ᄒᆞ야始시
大대ᄒᆞ다歷력莊장公공ᄒᆞ야至지襄양公공ᄒᆞ야ᄂᆞᆫ
犬견戎융이弑시幽유王왕애襄양公공이救
구周쥬有유功공이라封봉爲위諸졔侯후ᄒᆞ고賜
ᄉᆞ以이岐기西셔地디ᄒᆞ다
진의몬져ᄂᆞᆫ본이뎐욱의후ᄌᆞ손이라ᄀᆞᆯ온
대업이ᄇᆡᆨ예ᄅᆞᆯ나흐니ᄇᆡᆨ이셩영시ᄅᆞᆯ주시

다그후에비렴이어시나비렴의손ᄌᆞᄂᆞᆫ녀
방이라녀방의후ㅣ비ᄌᆞㅣ이셔몸을됴히
너겨쥬효왕을위ᄒᆞ야몸을편위ᄉᆡ이예ᄀᆞ
옴ᄒᆞ니몸이크게번식ᄒᆞ거ᄂᆞᆯᄯᅡ흘주어부
용을삼아진의도읍ᄒᆞ다두어뒤롤지나진
둥의니르러비로소크다장공을지나양공
의니르러ᄂᆞᆫ견융이유왕을주길제양공이
쥬롤구완호공이잇ᄂᆞᆫ지라봉ᄒᆞ야졔후롤
삼고기셔ᄯᅡ흐로ᄲᅧ주다

歷력文문公공寧령公공出출子ᄌᆞ武무公공

德덕公공宣션公공成셩公공ᄒᆞ야至지繆목公
공ᄒᆞ야有유百빅里리奚혜者쟈ᄒᆞ니故고虞우大
태夫우也야ㅣ라晉딘人인이伐벌虢괵ᄒᆞᆯ시假가
道도於어虞우ᄒᆞ니其기實실은欲욕幷병虞우
取취之지라奚혜ㅣ知지虞우公공의不블可
가諫간而이先션去거之지秦진ᄂᆞᆫ이어繆목公
공이聞문其기賢현ᄒᆞ고以이爲위相상ᄒᆞ야政졍
事ᄉᆞ를皆ᄀᆡ屬쇽焉언ᄒᆞ니百빅里리奚혜ㅣ進
딘其기友우蹇건叔슉ᄒᆞ야以이爲위上상大태
夫우ᄒᆞ다

문공과령공과츌ᄎᆞ무공과덕공과션공과
셩공을지나목공의니르려ᄇᆡᆨ나ᄒᆡ이시니
녜웃태우ㅣ라던ᄉᆞᄅᆞᆷ이픽을칠시길흘우
의비니그실은우ᄅᆞᆯ아오려가지고져ᄒᆞ논
지라히우공의가히간치못ᄒᆞᆯ주ᄅᆞᆯ아라몬
져벼리고진의가ᄂᆞᆯ목공이그어질믈듯고
배졍승을삼아졍ᄉᆞᄅᆞᆯ다븟치다ᄇᆡᆨ나ᄒᆡ그
벗견슉을나오와배상태우ᄅᆞᆯ삼다
繆목公공이送송晋딘惠혜公공ᄒᆞ야歸귀晋딘
이러니己이而이오倍비秦진ᄒᆞ고合합戰젼于우

韓한ᄒᆞᆯ셔繆목公공이爲위晉딘軍군의所소圍
위어ᄂᆞᆯ岐기下하에有유嘗샹食식公공馬마者
쟈三삼百ᄇᆡᆨ人인이馳티冒모晉딘軍군ᄒᆞ야遂
슈脫탈繆목公공以이反반ᄒᆞ다先션是시예繆
목公공이亡망善션馬마ᄒᆞ니野야人인이共공
得득之지어ᄂᆞᆯ吏니ㅣ逐축得득ᄒᆞ야欲욕法법之
지ᄒᆞᄃᆡ公공이曰왈食식善션馬마ᄒᆞ고不블飮음
酒쥬ㅣ면傷샹人인이라ᄒᆞ야皆ᄀᆡ賜ᄉᆞ酒쥬而이赦
샤之지러니至지是시ᄒᆞ야聞문秦진擊격晉딘ᄒᆞ고
皆ᄀᆡ願원從종ᄒᆞ야推퇴鋒봉爭ᄌᆡᆼ死ᄉᆞᄒᆞ야以이

100a

報보德덕ᄒᆞ다

목공이진혜공을보내여진의도라갓더니
이윽고진을비반ᄒᆞ고합ᄒᆞ야한의ᄲᅡ홀시
목공이진군의ᄲᅡ인배되엿거놀기산아래
일즉공의몰롤자바먹으니삼빅ᄉᆞ롬이셔
돌려가진군을모범ᄒᆞ야드듸여목공을버
서내여배도라오다이에몬져목공이됴흔
몰을일흐니들ᄉᆞ롬이호가지로어더자바
먹거셔놀니ㅣ셜와어더죄주고져ᄒᆞ대공
이몰ᄅᆞ뒤조호몰고기롤먹고술먹지아니

ᄒᆞ면ᄉᆞ롬이샹호다ᄒᆞ야다술주고노ᄒᆞᆺ더
니이예니르러딘이진치믈듯고다원ᄒᆞ야
조차병장기롤밀치고주그믈두토와배덕
을갑다
繆목公공이又우送송晉딘文문公공歸귀晉
딘ᄒᆞ야立닙而이霸패諸졔侯후ᄒᆞ다晉딘文문公
공이卒졸거ᄂᆞᆯ秦진이遣견孟ᄆᆡᆼ明명ᄒᆞ야襲습鄭
뎡ᄒᆞ고因인破파滑활ᄒᆞᆯ시晉딘襄양公공이敗패
之지殽효ᄒᆞ매繆목公공이不블替톄孟ᄆᆡᆼ明명
ᄒᆞ고修슈國국政졍니이러後후에伐벌晉딘得득

志지ᄒᆞ야遂슈霸패西셔戎융ᄒᆞ다
목공이ᄯᅩ딘문공을보내여진의도라가셔
졔후의웃듬되다딘문공이죽거ᄂᆞᆯ진이밍
명을보내여뎡을ᄡ고인ᄒᆞ야활을파홀시
딘양공이효의가패ᄒᆞᆫ대목공이밍명을ᄀᆞ
지아니ᄒᆞ고나라졍ᄉᆞ로닥더니후의진을
쳐ᄯᅡ돌어더드듸여셔융의웃듬이되다
歷력康강公공共공公공桓환公공景경公공
哀이公공惠혜公공悼도公공厲녀共공公공
躁조公공懷회公공靈령公공簡간公공惠혜

公공出출子不獻헌公공ᄒᆞ야至지孝효公공ᄒᆞ야
河하山산以이東동애強강國국이六륙이오小
쇼國국이十십餘여ㅣ라以이夷이狄적으로遇우
秦진ᄒᆞ야擯빈不블與여諸제侯후之지會회盟
밍이어놀孝효公공이下하令령ᄒᆞ되賓빈客긱羣
군臣신이有유能능出출奇긔計계強강秦진
者쟈ㅣ면吾오ㅣ且챠尊존官관ᄒᆞ고與여之지分
분土토ᄒᆞ리라衛위公공孫손鞅앙이入입秦진
ᄒᆞ야因인嬖폐臣신景경監감ᄒᆞ야以이求구見견
ᄒᆞ야說셰以이帝뎨道도王왕道도ᄒᆞ고三삼變변

爲위霸패道도而이後후에及급強강國국之
지術술ᄒᆞᄆᆡ公공이大대悅열ᄒᆞ야欲욕變변法법
ᄒᆞᄆᆡ恐공天텬下하ㅣ議의己긔거ᄂᆞᆯ鞅앙이曰왈
民민은不블可가與여慮려始시而이可가與
여樂락成셩이라ᄒᆞ고卒졸定뎡令령ᄒᆞ다
강공과공공과환공과경공과이공과혜공
과도공과녀공공과조공과회공과령공과
간공과혜공과츌조헌공을지나효공의니
르러하산으로ᄡᅥ동녁희강ᄒᆞ나라히여ᄉᆞᆺ
시오자근나라히열남으니라오랑캐로ᄡᅥ

진을뒤둡ᄒᆞ야내쳐졔후의모다밍셔ᄒᆞᄂᆞᆫ
뒤참예치못ᄒᆞ게ᄒᆞ거놀효공이령을나리
오뒤손과뭇산하ㅣ능히긔특호계교룰내
여진을강케ᄒᆞ리이시면내쟝太벼ᄉᆞᆯ을노
피고분토룰주리라위공손앙이진의드러
가피이ᄂᆞᆫ신하경감을인ᄒᆞ야배뵈오믈구
ᄒᆞ야뎨될도파왕될도로빼달내고세번변
ᄒᆞ야패홀도룰호후의나라강케홀술의밋
ᄎᆞᆫ대공이크게깃거법을변코져호뒤뎐하
ㅣ몸을의논홀가저허ᄒᆞ거놀앙이골오뒤

빅셩은가히더브러비로ᄉᆞ믈념녀치못홀
거시오가히더브러이로믈즐길거시라ᄒᆞ
고못춤내령을뎡ᄒᆞ다
令령民민으로爲위什合伍오ᄒᆞ야相상糾규司ᄉᆞ
連련坐좌ᄒᆞ야不블告고姦간者쟈ᄅᆞᆯ腰요斬참
ᄒᆞ고告고姦간者쟈ᄅᆞᆯ與여斬참敵젹으로同동賞
샹ᄒᆞ고匿닉姦간者쟈ᄅᆞᆯ與여降항敵젹으로同동
罰벌ᄒᆞ고有유軍군功공者쟈ᄅᆞᆯ各각以이率솔
로受슈爵쟉ᄒᆞ고爲위私ᄉᆞ鬪투者쟈ᄅᆞᆯ各각以
이輕경重듕으로被피刑형ᄒᆞ고大대小쇼ㅣ戮륙

力력ᄒᆞ야本본業업耕경織직ᄒᆞ야致티粟쇽帛ᄇᆡᆨ
多다者쟈ᄅᆞᆯ復복其기身신ᄒᆞ고事ᄉᆞ末말利니
ᄒᆞ며及급怠ᄐᆡ而이貧빈者쟈ᄅᆞᆯ擧거以이為위
收슈孥로ᄒᆞ게ᄒᆞ

ᄇᆡᆨ셩으로ᄒᆞ여곰ᄉᆞᆷ파오ᄅᆞᆯ밍그라서로거
두어년ᄒᆞ야죄닙기ᄅᆞᆯᄆᆞᄋᆞᆷ아라간을고쳐
아닌ᄂᆞ니ᄅᆞᆯ허리ᄅᆞᆯ버히고간을고ᄒᆞ니ᄅᆞᆯ
덕비히니로더브러샹을ᄀᆞᆺ치ᄒᆞ고간을ᄉᆞᆷ
간이ᄅᆞᆯ덕에항복ᄒᆞ니로더브러벌을ᄀᆞᆺ치
ᄒᆞ고군공이잇ᄂᆞᆫ이ᄅᆞᆯ각각법으로벼벼ᄉᆞᆯ

을밧고ᄉᆞᄉᆞ싸홈ᄒᆞᄂᆞ니ᄅᆞᆯ각각경ᄒᆞ며등
ᄒᆞ니로ᄡᅥ형벌을닙고크니ᄭᅡ져그니힘을
ᄡᅥ녀롬지이파뵈ᄶᅡ기ᄅᆞᆯ본업ᄒᆞ야곡셕파
비단을만히닐위니ᄅᆞᆯ그몸을복호ᄒᆞ고말
니ᄅᆞᆯ일삼으며밋게얼녀가난ᄒᆞ니ᄅᆞᆯ드러
ᄡᅥ져ᄌᆞᄅᆞᆯ거두게ᄒᆞ다
令령旣긔具구未미布포애立닙三삼丈쟝之
지木목於어國국都도市시南남門문ᄒᆞ고募모
民민ᄒᆞ되有유能능徙ᄉᆞ北븍門문者쟈면予여
十십金금이라ᄒᆞ되民민이怪괴之지ᄒᆞ야莫막敢감

徒ᄉᆞ놀ㅣ어復부曰왈能능徒ᄉᆞ者자면予여五
오十십金금ᄒᆞ호메리라有유一일人인이徒ᄉᆞ之
지놀어輒첩予여五오十십金금ᄒᆞ고乃내下하令
령ᄒᆞ다
령이임의마자펴지못ᄒᆞ야실제세길남글
나라도읍제자남문의세오고빅셩을ᄌᆞ모
바드되능히북문의옴기리이시면열금을
주리라ᄒᆞ되빅셩이고이히녀겨감히옴기
리업거ᄂᆞᆯ또ᄀᆞᆯ오되능히옴기면쉰금을주
리라ᄒᆞ대ᄒᆞᆫᄉᆞ롬이이셔옴거ᄂᆞᆯ믄득쉰금

을주고이어령을누리오다

太태子ᄌᆞㅣ犯범法법어ᄂᆞᆯ어 鞅앙이曰왈法법之지不블行ᄒᆡᆼ은自ᄌᆞ上샹犯범之지니君군嗣ᄉᆞᄂᆞᆫ不블可가施시刑형이라ᄒᆞ고刑형其기傅부公공子ᄌᆞ虔건ᄒᆞ고黥경其기師ᄉᆞ公공孫손賈가ᄒᆞ니秦진人인이皆기趨추令령ᄒᆞ더라 行ᄒᆡᆼ之지十십年년에道도不블拾습遺유ᄒᆞ고山산無무盜도賊적ᄒᆞ고家가給급人인足족ᄒᆞ고民민이勇용於어公공戰젼ᄒᆞ고怯겁於어私ᄉᆞ鬪투ᄒᆞ니鄕향邑읍이大대治티러라

태ᄌᆞㅣ법을범ᄒᆞ야ᄂᆞᆯ앙이ᄀᆞᆯ오ᄃᆡ법이ᄒᆡᆼ
티못ᄒᆞᆷ은우흐로부터범ᄒᆞᆷ이니님금니을
이ᄂᆞᆫ가히형벌을베프디못ᄒᆞ리라ᄒᆞ고그
큰스승공ᄌᆞ건을형벌ᄒᆞ고그버금스승공
손가를ᄌᆞ져ᄒᆞ니진ᄉᆞ롬이다령으로ᄃᆞ더
라ᄒᆡᆼᄒᆞᆫ열ᄒᆡ예길ᄒᆡᄇᆞ린거슬줍디아니ᄒᆞ
고뫼희도적이업고집이만됴ᄉᆞ롬이족ᄒᆞ
고ᄇᆡᆨ셩이공뎐의놀라고ᄉᆞᄉᆞ빠홈의겁ᄒᆞ
니싀골과도읍이크게다ᄉᆞ러라
初초言언令령不블便편者쟈ㅣ来ᄅᆡ言언令

령便편이어ᄂᆞᆯ 鞅앙이曰왈此ᄎᆞᄂᆞᆫ亂난法법之
지民민也야ㅣ라ᄒᆞ고 盡진遷쳔之지邊변ᄒᆞ니民민
莫막敢감議의러라 令령民민으로 父부子ᄌᆞ兄형
弟뎨ㅣ同동室실內ᄂᆡ息식者쟈를 爲위禁금
ᄒᆞ고 廢폐井졍田뎐開마阡쳔陌ᄆᆡᆨᄒᆞ고 更경爲위
賦부稅셰法법ᄒᆞ니 秦진人인이富부強강ᄒᆞ더라
封봉鞅앙商샹於오十십五오邑읍ᄒᆞ고 號호曰
왈商샹君군어라ᄒᆞᄃᆞ

쳐엄의령이편티아니라니ᄅᆞ던이와령이
편타니ᄅᆞ거ᄂᆞᆯ앙이ᄌᆞᆯ오되이ᄂᆞᆫ법을어즈

러이ᄂᆞᆫ빅셩이라ᄒᆞ고다변방의옴기니빅
셩이감히의논ᄒᆞ리업더라빅셩으로ᄒᆞ여
곰아비과아ᄃᆞᆯ과형과아이ᄒᆞᆫ집안희노ᄂᆞ
니를금ᄒᆞ고경뎐을폐ᄒᆞ고쳔믹을열고고
텨공셰법을ᄒᆞ니진ᄉᆞ롬아가음열고강ᄒᆞ
더라앙을샹오열다ᄉᆞ고을희봉ᄒᆞ고일홈
을샹오뒤샹군이라ᄒᆞ다.
孝효公공이薨훙커ᄂᆞᆯ惠혜文문王왕이立닙ᄒᆞ다
公공子虔건之지徒도ㅣ告고鞅앙이欲욕
反반이라ᄒᆞ야ᄂᆞᆯ鞅앙이出츌亡망ᄒᆞ야欲욕止지客

괵舍샤ᄒᆞᆫ대舍샤人인이曰왈商샹君군之지法
법에舍샤人인無무驗험者쟈ᄅᆞᆯ坐좌之지라니
鞅앙이歎탄曰왈爲위法법自ᄌᆞ弊폐一일至
지此ᄎᆞ哉ᄌᆡ아ᄒᆞ고去거之지魏위어ᄂᆞᆯ魏위ㅣ不
불受슈ᄒᆞ고內납之지秦진ᄒᆞ니秦진人인이車거
裂렬以이徇슌ᄒᆞᆫ대鞅앙이用용法법酷혹ᄒᆞ야步
보過과六뉵尺쳑者쟈ㅣ有유罰벌ᄒᆞ고棄기灰
회於어道도者쟈ㅣ被피刑형이러라嘗샹臨림
渭위論론囚슈ᄒᆞ니渭위水슈ㅣ盡진赤뎍ᄒᆞ더라
효공이죽거ᄂᆞᆯ혜문왕이셔다공ᄌᆞ건의무

리고ᄒᆞ되앙이반고져ᄒᆞᆫ다ᄒᆞ야놀앙이나
도망ᄒᆞ야럭샤의그치고져ᄒᆞᆫ대쥬인이ᄀᆞᆯ
오ᄃᆡ샹군의법녜사ᄅᆞᆷ이험업스니부티ᄂᆞ
ᄂᆡ를좌죄ᄒᆞᄂᆞ니라앙이탄식ᄒᆞ야ᄀᆞᆯ오ᄃᆡ
법을ᄆᆡᆼᄀᆞ라스스로폐홈이ᄒᆞᆫᄀᆞᆺ티이에
니르냐ᄒᆞ고바리고위예가놀위밧ᄃᆡ아니
ᄒᆞ고진의ᄃᆞ려보내니진사ᄅᆞᆷ이슈리예ᄡᅳ
저ᄡᅥ뵈다앙이법ᄡᅳ미모디러보쉬여ᄉᆞ자
디나니벌잇고지를길히ᄇᆞ리니형벌닙ᄃᆞ
라일족위슈를님ᄒᆞ야가도니를의논ᄒᆞ니

위슈ㅣ다븕더라

惠혜文문王왕이薨훙ᄒᆞ거늘子ᄌᆞ武무王왕이立닙ᄒᆞ다武무王왕이使ᄉᆞ甘감茂무로伐벌韓한ᄒᆞᆯᄉᆡ茂무ㅣ曰왈宜의陽양은大대縣현이니其기實실은郡군也야라今금에倍ᄇᆡ數수險험ᄒᆞ야行ᄒᆡᆼ千쳔里리ᄒᆞ야攻공之지難난이니魯노人인有유與여曾증參ᄉᆞᆷ으로同동姓셩名명者자ㅣ殺살人인이어ᄂᆞᆯ人인이告고其기母모ᄒᆞᆫ대母모ㅣ織직自ᄌᆞ不블若약이라가及급三삼人인이告고之지ᄒᆞᆫ대母모ㅣ投투杼뎌下하機긔ᄒᆞ야踰

유墻장而이走주ᄒᆞ니臣신賢현이不블及급曾
증參ᄉᆞᆷᄒᆞ고王왕之지信신臣신이又우不블如
여其기母모ᄒᆞ고疑의臣신者쟈ㅣ非비特특三
삼人인이니臣신은恐공大대王왕之지投투杼
뎌也야ᄒᆞ노이다

혜문왕이죽거ᄂᆞᆯ아ᄃᆞᆯ무왕이셔다무왕이
감무로ᄒᆞ여곰한을틴대무ㅣᄀᆞᆯ오ᄃᆡ의양
은큰현이니그실은군이라이제두어험을
ᄇᆡᄒᆞ고쳔니를ᄒᆡᆼᄒᆞ야티미어려오나이니
다ᄉᆞᄅᆞᆷ이증ᄉᆞᆷ으로더브러셩과일홈이ᄀᆞᆺ

ᄐᆞ니이셔사ᄅᆞᆷ을주겨늘사ᄅᆞᆷ이그어미ᄃᆞ
려고ᄒᆞᄃᆡ어미뵈ᄧᆞ기ᄅᆞᆯᄌᆞ약히ᄒᆞ다가밋
세사ᄅᆞᆷ이고ᄒᆞ야ᄂᆞᆫ어미북을더지고뵈ᄅᆞᆯ
의나려담을넘어ᄃᆞ라나ᄃᆡ신의어ᄃᆡᆯ미증
ᄉᆞᆷ의게밋디못ᄒᆞ고왕의신을밋버녀기미
ᄯᅩ그어미만ᄀᆞᆺ디못ᄒᆞ고신을의심ᄒᆞᄂᆞ니
ᄒᆞᆫ갓세사ᄅᆞᆷ뿐이아니니신은머왕이북을
더딜가저허ᄒᆞ노이다
魏위文문侯후ㅣ令령樂악羊양으로伐벌中듕
山산ᄒᆞ야三삼年년而이後후에拔발之지ᄒᆞ고反

반而이論논功공논이어文문侯후ㅣ示시以이
謗방書셔一일篋협ᄒᆞ며再지拜비曰왈非비臣
신之지功공이라君군之지力녁也야이니今금
臣신은羈긔旅려之지臣신也야니樗츄里니
子ᄌᆞ公공孫손奭혁이挾협韓한而이議의면
王왕必필聽청之지ᄒᆞ시리이다王왕이曰왈寡과
人인이不블聽청이라ᄒᆞ고乃내盟밍于우息직壤
양ᄒᆞ다
위문후ㅣ악양으로ᄒᆞ여곰듕산을텨세히
후에ᄲᅢ히고도라와공을의논ᄒᆞ거놀문후

ㅣ슈짓던글ᄒᆞᆫ샹ᄌᆞ로ᄇᆡ뵌머두번절ᄒᆞ고
골오ᄃᆡ신의공이아니라남군의힘이니이
다이제신은나그내신해니츄ᄌᆞ파공손
혁이한을셔의논ᄒᆞ면왕이반ᄃᆞ시드르시
리이다왕이골오ᄃᆡ내듯디아니ᄒᆞ리라ᄒᆞ
고이에식양의밍셔ᄒᆞ다
茂무ㅣ攻공宜의陽양ᄒᆞ야五오月월而이不블
拔발ᄒᆞ니三삼人인이罷파爭징之지ᄒᆞᆫ대武무王
왕이召쇼茂무欲욕罷파兵병이어ᄂᆞᆯ茂무ㅣ曰
왈息식壤양이在지彼피ᄒᆞ니라王왕이乃내悉

실起긔兵병佐좌茂무ᄒᆞ야遂슈拔발之지ᄒᆞ다武
무王왕이有유力녁好호戲희ᄒᆞ니力녁士ᄉᆞ任
임鄙비烏오獲확孟밍說열이皆기至지大대
官관ᄒᆞ다王왕이與여孟밍說열로擧거鼎뎡ᄒᆞ다
가絶졀臏신死ᄉᆞ거ᄂᆞᆯ弟뎨昭소襄양王왕稷직
이立닙ᄒᆞ다
무ㅣ의양을터다ᄉᆞᆺ돌을ᄲᅡ히디못ᄒᆞ니세
사ᄅᆞᆷ이파연히ᄃᆞ톤대무왕이무롤불러병
을파코져ᄒᆞ거ᄂᆞᆯ무ㅣ골오ᄃᆡ식양이뎨잇
다ᄒᆞ니왕이이에병을다니르혀무롤도와

드듸여ᄲᅢ히다 무왕이 힘이 이셔 희롱ᄒᆞ기ᄅᆞᆯ됴히녀기니 힘센 션비 임비과 오확과 밍열이 다 큰 벼슬의 니르다 왕이 밍열로 더브러 솟틀 드다가 신이 그처 뎌죽거늘 아ᄋᆞ 쇼왕 직이 셔다

有유魏위人인范범雎져者쟈ㅣ嘗샹從죵須슈賈가ᄒᆞ야使ᄉᆞ齊졔ᄒᆞ니齊졔王왕이聞문其기辯변口구ᄒᆞ고乃내賜ᄉᆞ之지金금及급牛우酒쥬ᄂᆞᆯ ㅣ 어賈가ㅣ疑의雎져ㅣ以이國국陰음事ᄉᆞ로告고齊졔라ᄒᆞ야歸귀告고魏위相샹魏위

齊졔ᄒᆞᆫ대 魏위齊졔ㅣ怒노ᄒᆞ야 笞티擊격睢슈ᄒᆞ야
折졀脅협拉납齒티ᄒᆞ니 睢슈ㅣ佯양死ᄉᆞㅣ어ᄂᆞᆯ
卷권以이簀칙ᄒᆞ야 置티厠측中듕ᄒᆞ고 使ᄉᆞ醉취
客긱으로 更경溺뇨之지ᄒᆞ야 以이懲딩後후ㅣ러라
睢슈ㅣ告고守슈者쟈得득出츌ᄒᆞ야 更경姓셩
名명曰왈張댱祿녹이라ᄒᆞ다 秦진使ᄉᆞ者쟈王왕
稽계ㅣ至지魏위ᄒᆞ야 潛잠載지與여歸귀ᄒᆞ야 薦
쳔于우昭쇼襄양王왕ᄒᆞᆫ대 以이爲위客긱卿경
ᄒᆞ니 敎교以이遠원交교近근攻공之지策칙ᄒᆞ다
時시예 穰양侯후魏위冉염이 用용事ᄉᆞㅣ어ᄂᆞᆯ

睢슈ㅣ說셰王왕罷파之지而이代ᄃᆡ爲위丞
승相샹ᄒᆞ고號호ᄅᆞᆯ應응侯후ㅣ라ᄒᆞ다
윗사ᄅᆞᆷ범슈ㅣ이셔일ᄌᆞ슈가ᄅᆞᆯ조차졔예
부리니졔왕이그말잘ᄒᆞᄂᆞᆫ입을듯고이에
금과밋쇠고기과술을주어놋개ㅣ슈ㅣ나
라그우ᄒᆞᆫ일로ᄡᅢ졔예고ᄒᆞᆫ가의심ᄒᆞ야도
라와윗졍승위졔의게고ᄒᆞᆫ대위졔노ᄒᆞ야
뒤로슈ᄅᆞᆯ텨가ᄉᆞᆷ을브르디르고니ᄅᆞᆯᄲᅢ히
니슈ㅣ거즛주것거놀발로ᄡᅢᄡᅡ뒷간가온
대두고취ᄒᆞᆫ손으로ᄒᆞ여곰번가라오줌누

어배후일을당계케ᄒᆞ더라슈ㅣ직흰의게
고ᄒᆞ야남을어더셤과일홈을고쳐골오ᄃᆡ
당독이라ᄒᆞ다진ᄉᆞ쟈왕계ㅣ위예니르러
ᄀᆞ만이시러더브러도라가쇼양왕ᄭᅴ쳔거
ᄒᆞᆫ대배각경을삼으니먼뒤롤사괴고갓가
온ᄃᆡ롤치ᄂᆞᆫᄭᅴ로배ᄀᆞᄅᆞ치다ᄉᆡ예양후위
염이일을ᄡᅳ거ᄂᆞᆯ슈ㅣ왕을달내여파직ᄒᆞ
고되ᄒᆞ야승샹이되고일홈을응후ㅣ라ᄒᆞ
다

魏위ᄒᆡ使ᄉᆞ須슈賈가로聘빙秦진ᄂᆞᆯ이어睢슈

ㅣ弊폐衣의間간步보ᄒᆞ야往왕見견之지ᄒᆞᆫ대賈
가ㅣ驚경曰왈范범叔슉이固고無무恙양乎
호아留뉴坐좌飮음食식曰왈范범叔슉이一
일寒한如여此太태哉ᄌᆡ아ᄒᆞ고取취一일綈뎨袍
포贈증之지ㅣ리라遂슈為위賈가御어ᄒᆞ야至지相
샹府부曰왈我아ㅣ為위君군ᄒᆞ야先션入입通
통于우相샹君군호리라賈가ㅣ見견其기久구
不불出츌ᄒᆞ고問문門문下하ᄒᆞᆫ대門문下하ㅣ曰
왈無무范범叔슉ᄒᆞ니鄉향者쟈ᄂᆞᆫ吾오相샹張
댱君군也야ㅣ니라賈가ㅣ知디見견欺긔ᄒᆞ고乃

내膝슬行힝入입ᄒᆞ야謝샤罪죄ᄒᆞᆫ대雖슈ㅣ坐좌責칙讓양之지曰왈爾이所소以이得득不블死ᄉᆞ者쟈ᄂᆞᆫ以이綈뎨袍포ㅣ戀련戀련ᄒᆞ야尙샹有유故고人인之지意의耳이니라乃내大대供공具구ᄒᆞ야請쳥諸졔侯후賓빈客ᄀᆡᆨᄒᆞ고置티莝촬豆두其기前젼而이馬마食ᄉᆞ之지러라使ᄉᆞ歸귀告고魏위王왕曰왈速속斬참魏위齊졔頭두來ᄂᆡᄒᆞ라不블然연이면且챠屠도大대梁량ᄒᆞ리라賈가ㅣ歸귀告고魏위齊졔ᄒᆞᆫ대魏위齊졔ㅣ出奔走주而이死ᄉᆞᄒᆞ다

위슈가로ᄒᆞ여곰진의문안ᄒᆞ야놀슈ㅣ헌
웃닙고ᄉᆞ이로힝ᄒᆞ야가본ᄃᆡ가ㅣ놀라골
오ᄃᆡ범슉이진실로병이업ᄉᆞ나뉴ᄒᆞ야안
쳐음식머겨골오ᄃᆡ범슉이ᄒᆞᆫ골ᄀᆞᆺ티치옴
이이ᄀᆞᆺ트냐ᄒᆞ고ᄒᆞᆫ깁핫오ᄉᆞᆯ주더라드ᄃᆡ
여가의어게되여경승마을의너르러골오
ᄃᆡ버군을위ᄒᆞ야몬져드러가상군의게통
호리라가ㅣ그오래나오지아니홈을보고
문하두더무로대문해골오ᄃᆡ범슉이업스
니앗가ᄃᆞ우리경승댱군이니라가ㅣ소김

본줄을알고이에무롭ᄒᆞ로향ᄒᆞ야드러가
죄롤샤ᄒᆞᆫ버슈ㅣ안퇴고셔지저ᄀᆞᆯ오ᄃᆡ내
ᄢᅢ시러곰주저아니ᄒᆞᄂᆞᆫ바ᄂᆞᆫ ᄢᅢ깁핫오시
싱각ᄒᆞ고싱각ᄒᆞ야오히려녯사ᄅᆞᆷ의ᄠᅳᆺ이
이시미니라이에크게쟝만ᄒᆞ야ᄆᆞ초와졔
후의손을쳥ᄒᆞ고여믈담ᄂᆞᆫ구유를그ᄋᆞᆸ피
노하ᄆᆞᆯ머기ᄃᆞᆺᄒᆞ더라ᄒᆞ여곰도라가위왕
다려고ᄒᆞ야ᄀᆞᆯ오ᄃᆡ섈이위졔의머리롤버
혀오라그리아니ᄒᆞ면쟝ᄎᆞᆺ버량을다히리라
과ㅣ도라가위졔ᄃᆞ려고ᄒᆞᆫ대위졔ㅣᄃᆞ라

나주다
雎유ㅣ旣긔得득志디于우秦진ᄒᆞ야一일飯반之지德덕을必필償샹ᄒᆞ고睚애眦ᄌᆞ之지怨원을必필報보ᄒᆞ라ᄒᆞ더王왕이旣긔用용雎유策칙ᄒᆞ야歲셰加가兵병三삼晋딘ᄒᆞ야斬참首슈數슈萬만ᄒᆞ니周쥬赧난王왕이恐공ᄒᆞ야與여諸졔侯후로約약從죵攻공秦진ᄂᆞᆯ이어秦진이攻공周쥬ᄒᆞᆫ대赧난王왕이入입秦진ᄒᆞ야頓돈首슈請청罪죄ᄒᆞ고盡진獻헌其긔邑읍三삼十십六뉵ᄒᆞ니슈ㅣ 임의 侯을 진의 어더 ᄂᆞᆫ ᄒᆞᆫ 번 밥 머긴 덕을 반ᄃᆞ시 갑고 눈 흘긴 원망을 반ᄃᆞ시 갑더라 왕이 임의 슈의 ᄢᅴ를 ᄲᅢ히마다 병을 삼던 의 더ᄒᆞ야 머리 슈만을 ᄯᅥ히나 쥬ᄂᆞᆫ 왕이 무셔워 졔후로 더브러 죵을 약ᄒᆞ야 진을 치거놀 진이 쥬을 친허단 왕이 진의 드러가 머리룰 두드려 죄을 쳥ᄒᆞ고 그 고을 셜ᄒᆞᆫ 여ᄉᆞ슬 다 드리다

秦진將쟝武무安안君군白빅起긔ㅣ與여范범雎슈로有유隙극ᄒᆞ니어려廢폐爲위士ᄉᆞ伍오

ᄒᆞ야賜ᄉᆞ劍검死ᄉᆞ於어杜두郵우ᄒᆞ다王왕이臨
님朝됴歎탄曰왈內ᄂᆡ無무良량將쟝ᄒᆞ고外외
多다强강敵뎍이로다雎슈ㅣ懼구ㅣᄂᆞᆯ어蔡채澤
ᄐᆡᆨ이曰왈四ᄉᆞ時시之지序셔ㅣ成셩功공者
쟈ㅣ去거ㅣ라ᄒᆞ니雎슈ㅣ稱칭病병ᄒᆞ니澤ᄐᆡᆨ이代
ᄃᆡ之지ᄒᆞ니昭쇼襄양王왕이薨훙거ᄂᆞᆯ子ᄌᆞ孝효
文문王왕柱듀ㅣ立닙ᄒᆞ니薨훙거ᄂᆞᆯ子ᄌᆞ莊장襄
양王왕楚초ㅣ立닙ᄒᆞ니薨훙거ᄂᆞᆯ嗣ᄉᆞ爲위王왕
者쟈ㅣ政졍也야ㅣ라遂슈幷병六뉵國국ᄒᆞ니是
시爲위秦진始시皇황帝뎨ㅣ라

진쟝슈무안군빅긔ㅣ범슈로더브러틈이
잇더니폐ᄒᆞ야군ᄉᆞ롤삼아환도롤주어두
우역의가주기다왕이됴회롤넘ᄒᆞ야탄식
ᄒᆞ야골오뒤안희어진쟝슈ㅣ업고밧긔강
효덕이만토다슈ㅣ무셔워ᄒᆞ거놀채튁이
골오뒤넷새ᄎᆞ례예공일오니간다효대슈
ㅣ병드라칭ᄒᆞ니퇴이뒤ᄒᆞ다쇼양왕이주
거놀아돌효문왕듀ㅣ셔다주거놀아돌장
양왕초ㅣ셔다주거놀니어왕된자ㅣ졍이
라드듸여뉵국을아오라니이진시황뎨라

十십九구史ᄉᆞ略략諺언解ᄒᆡ卷권二이之디一일

歲在壬辰
嶺營新刊